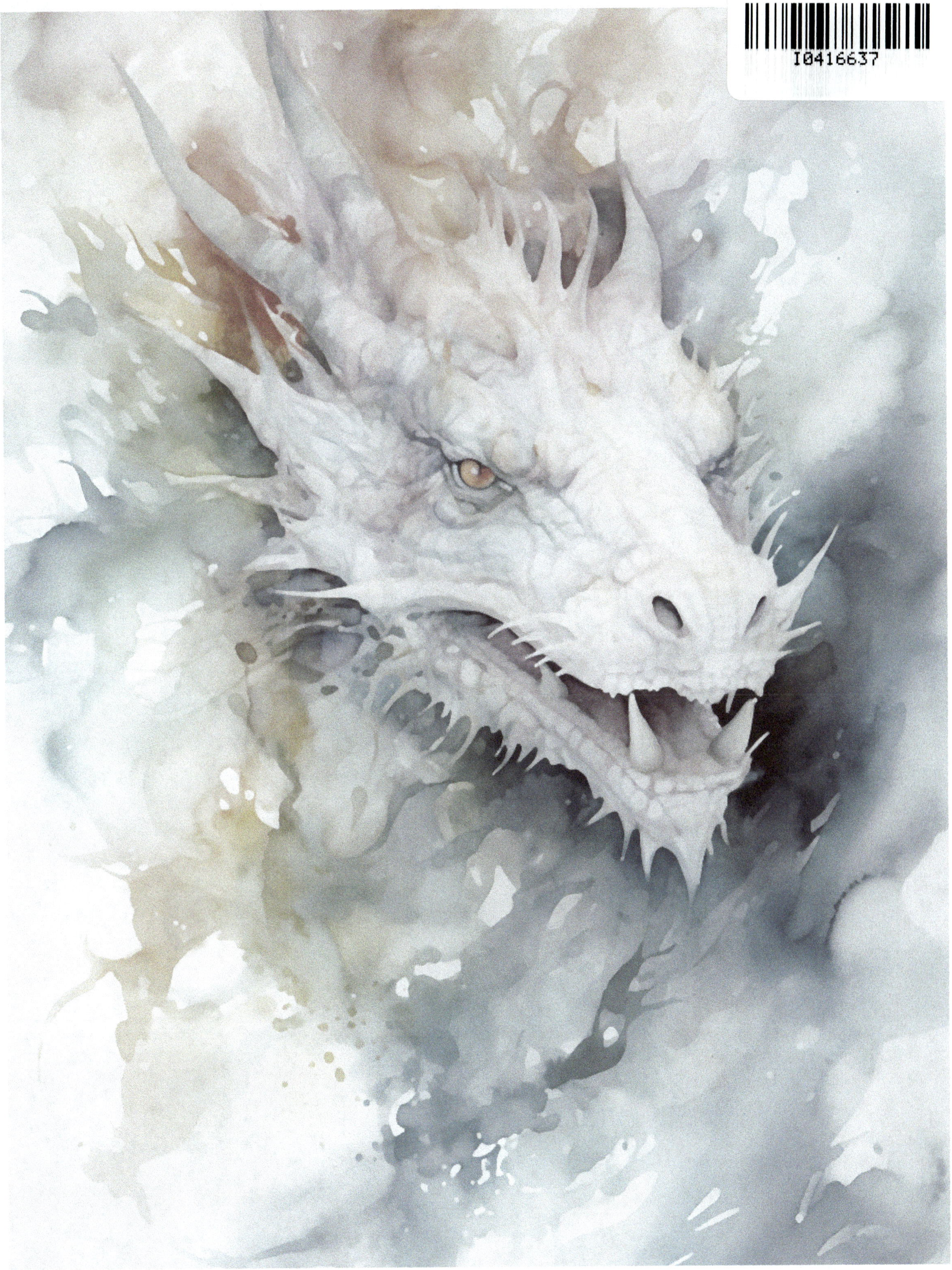

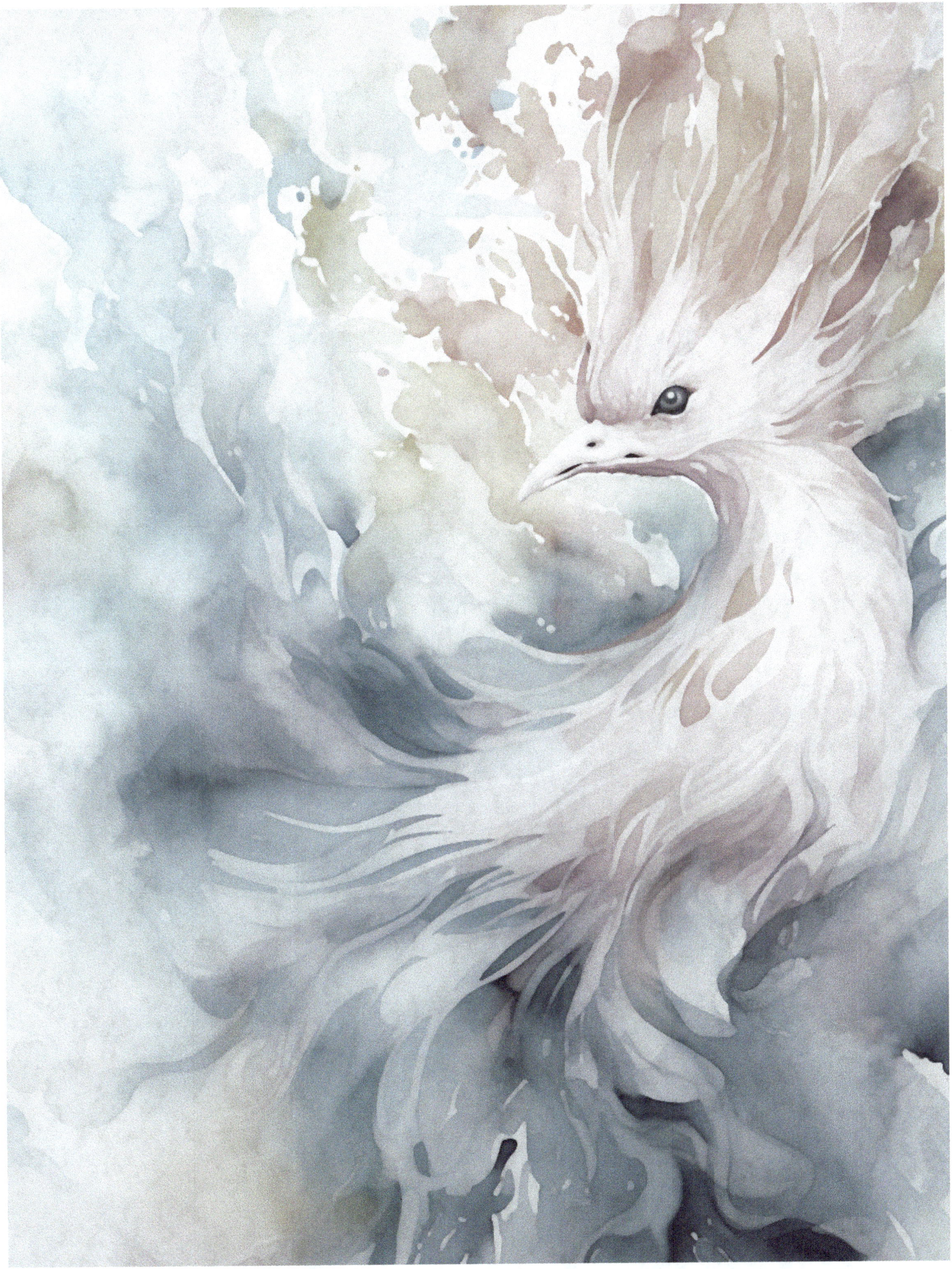

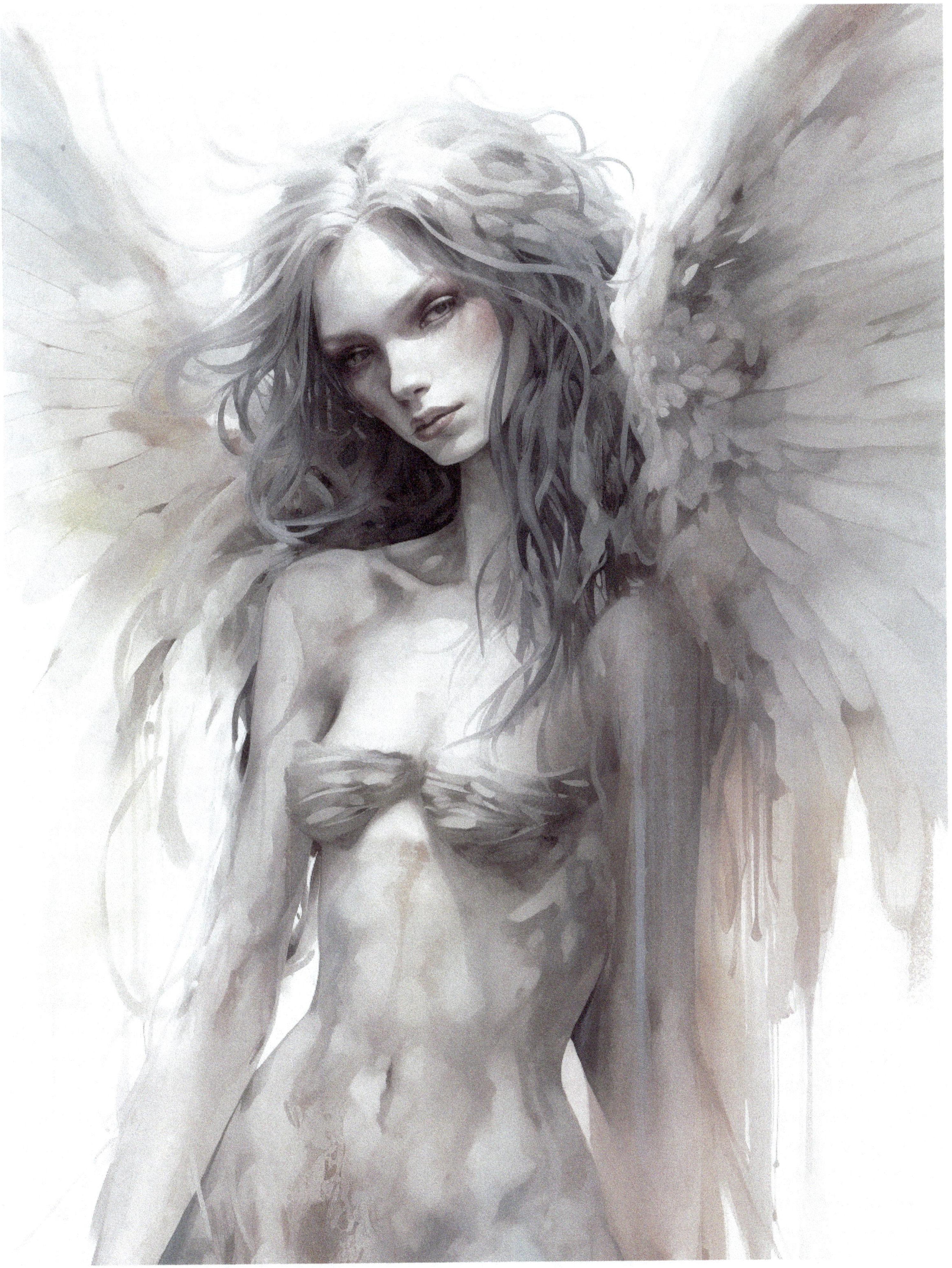

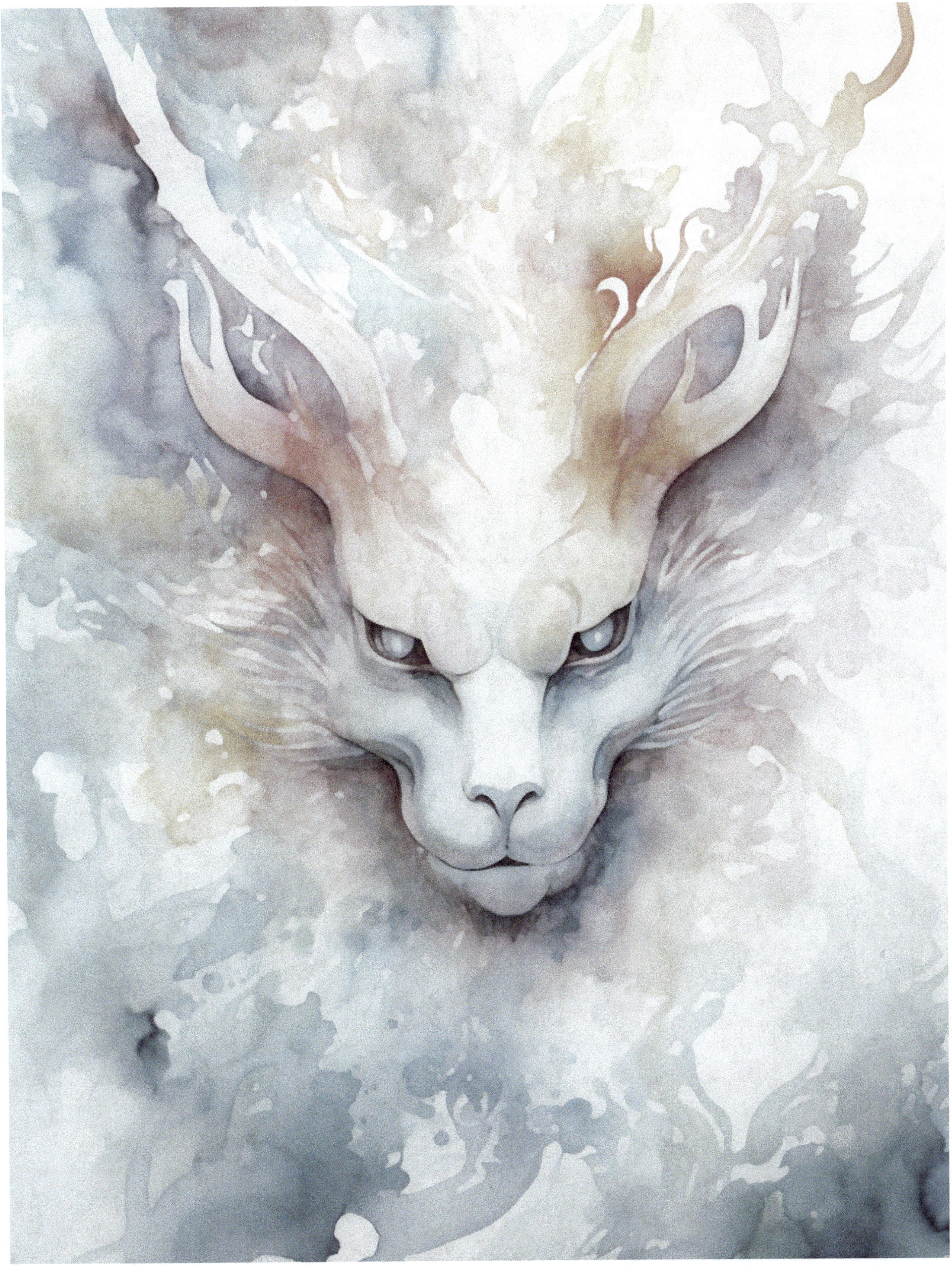

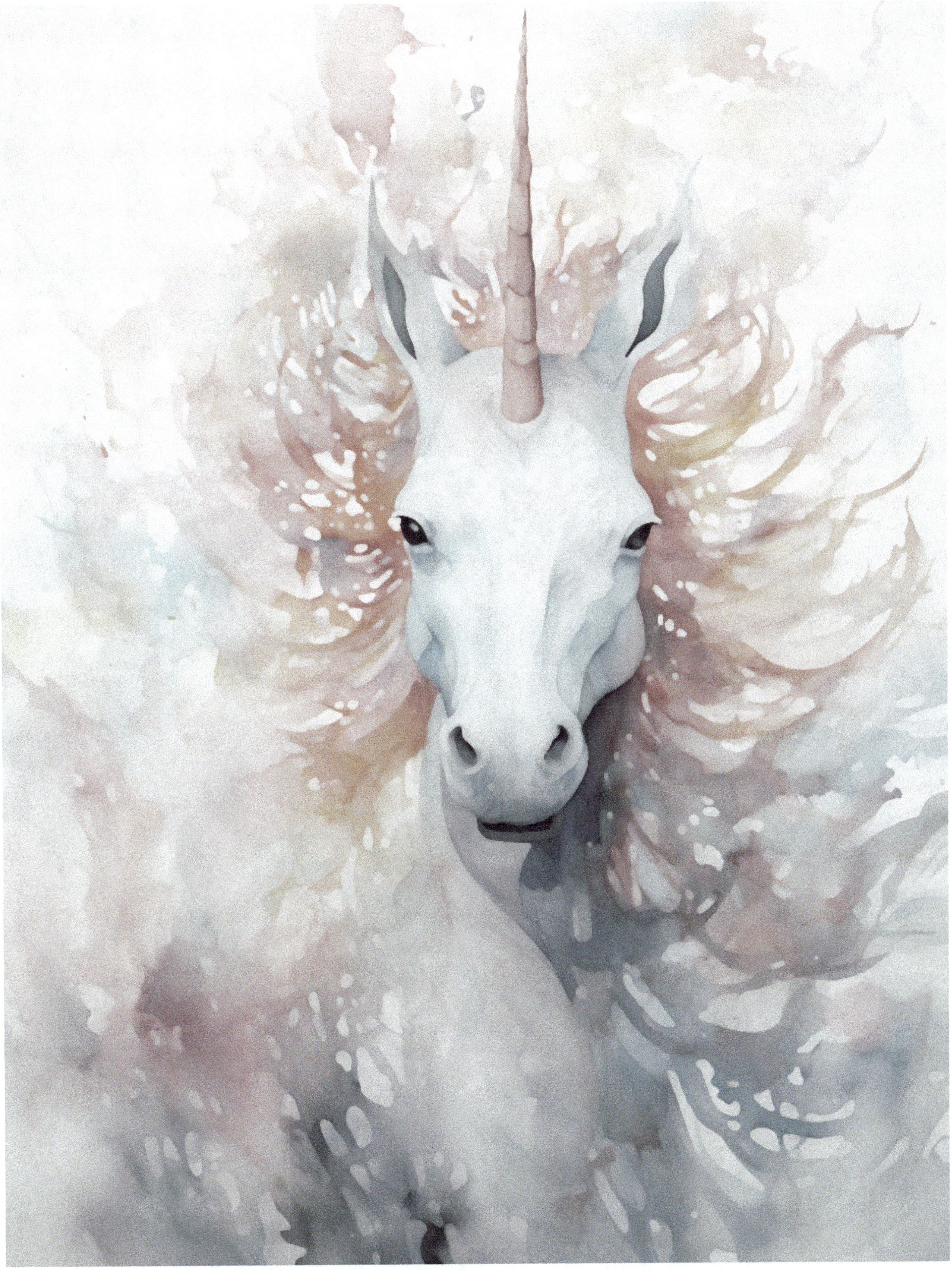

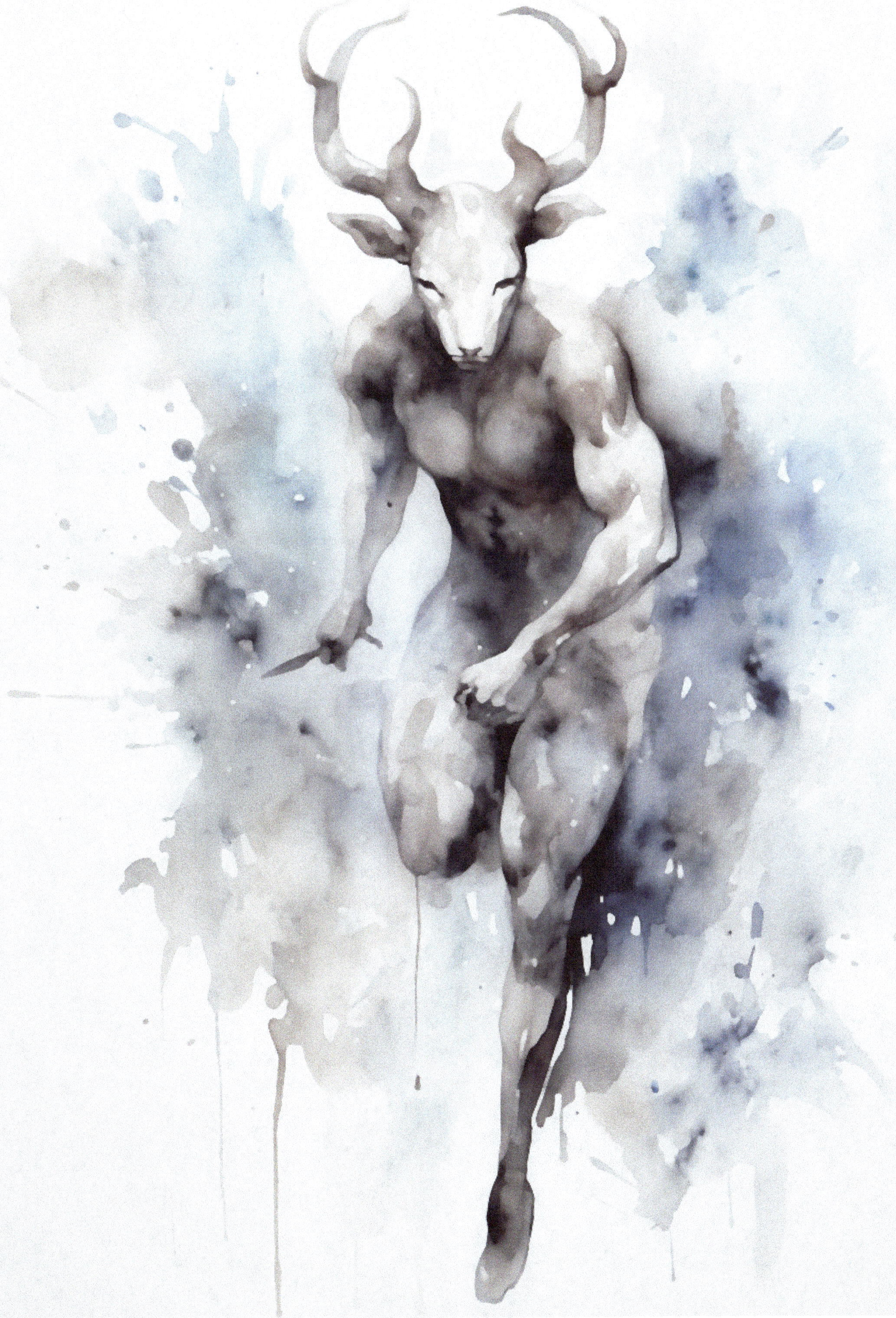

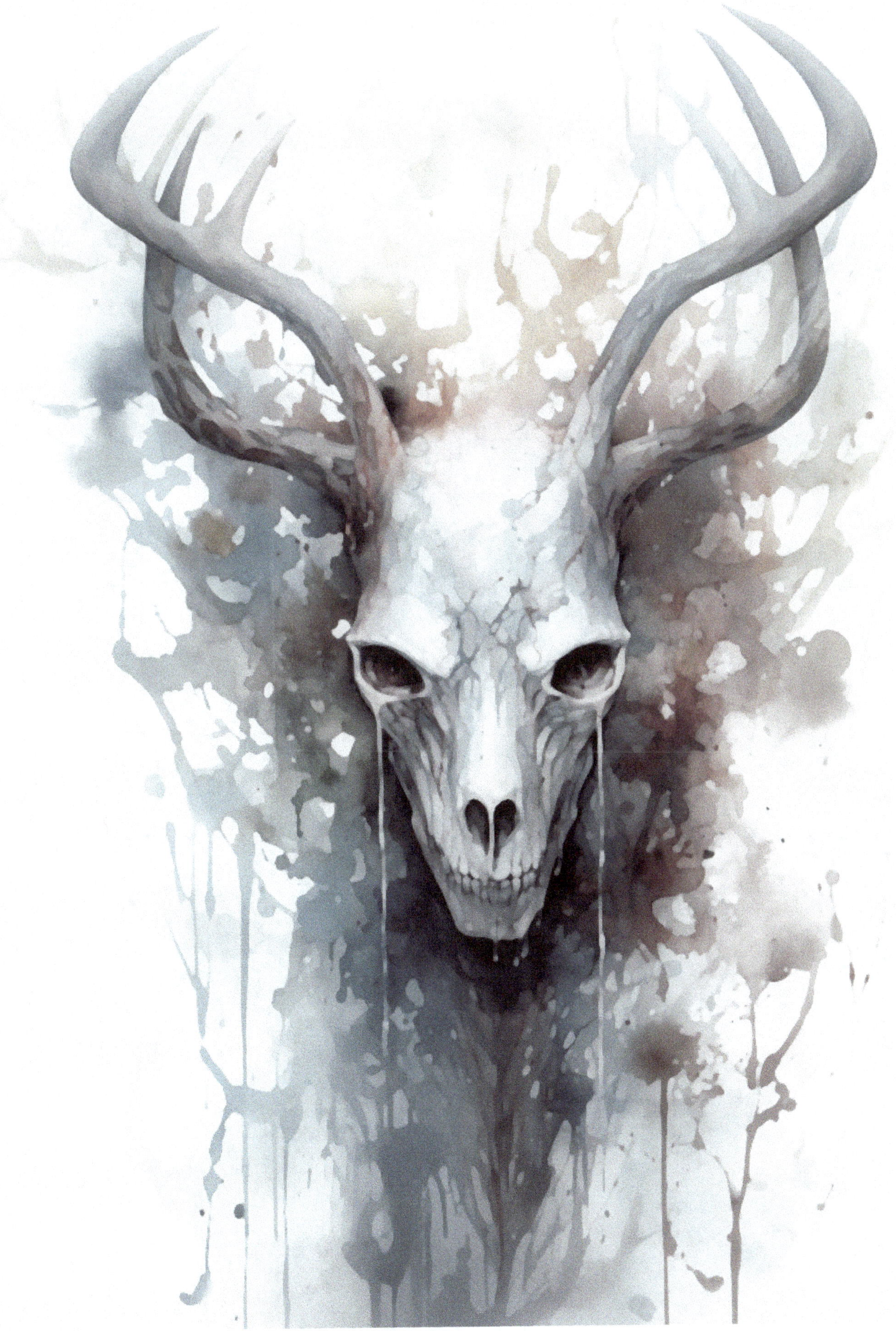

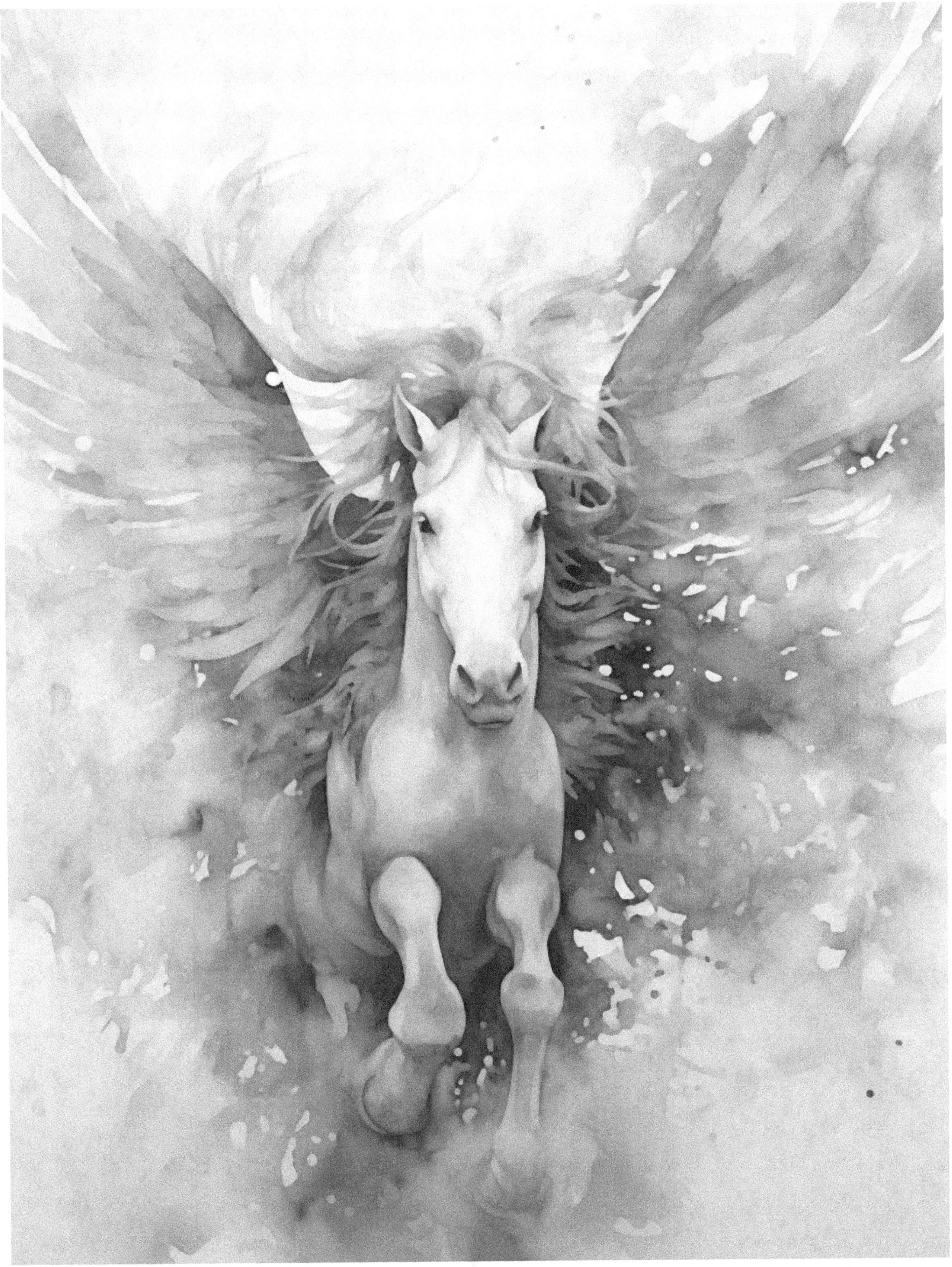

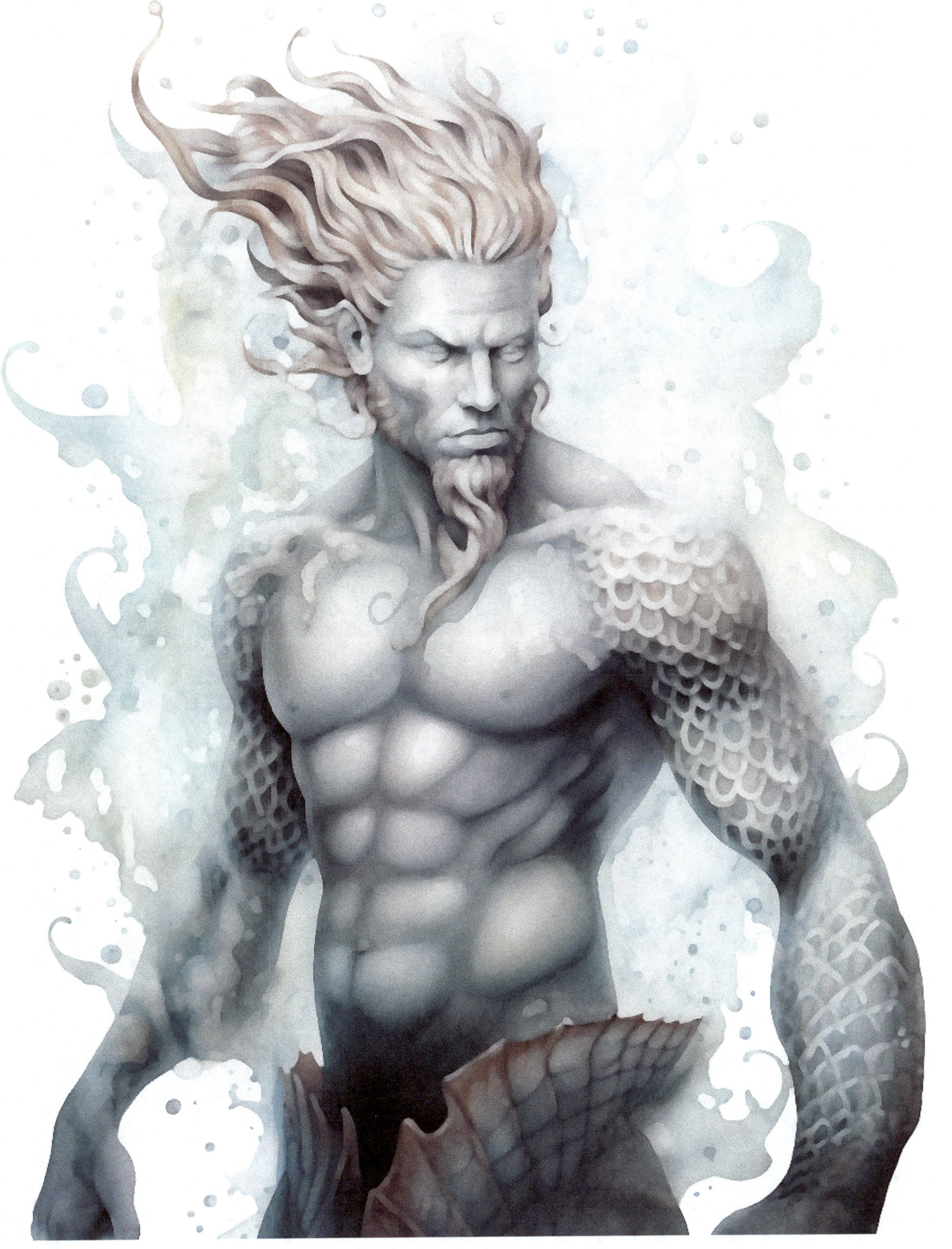

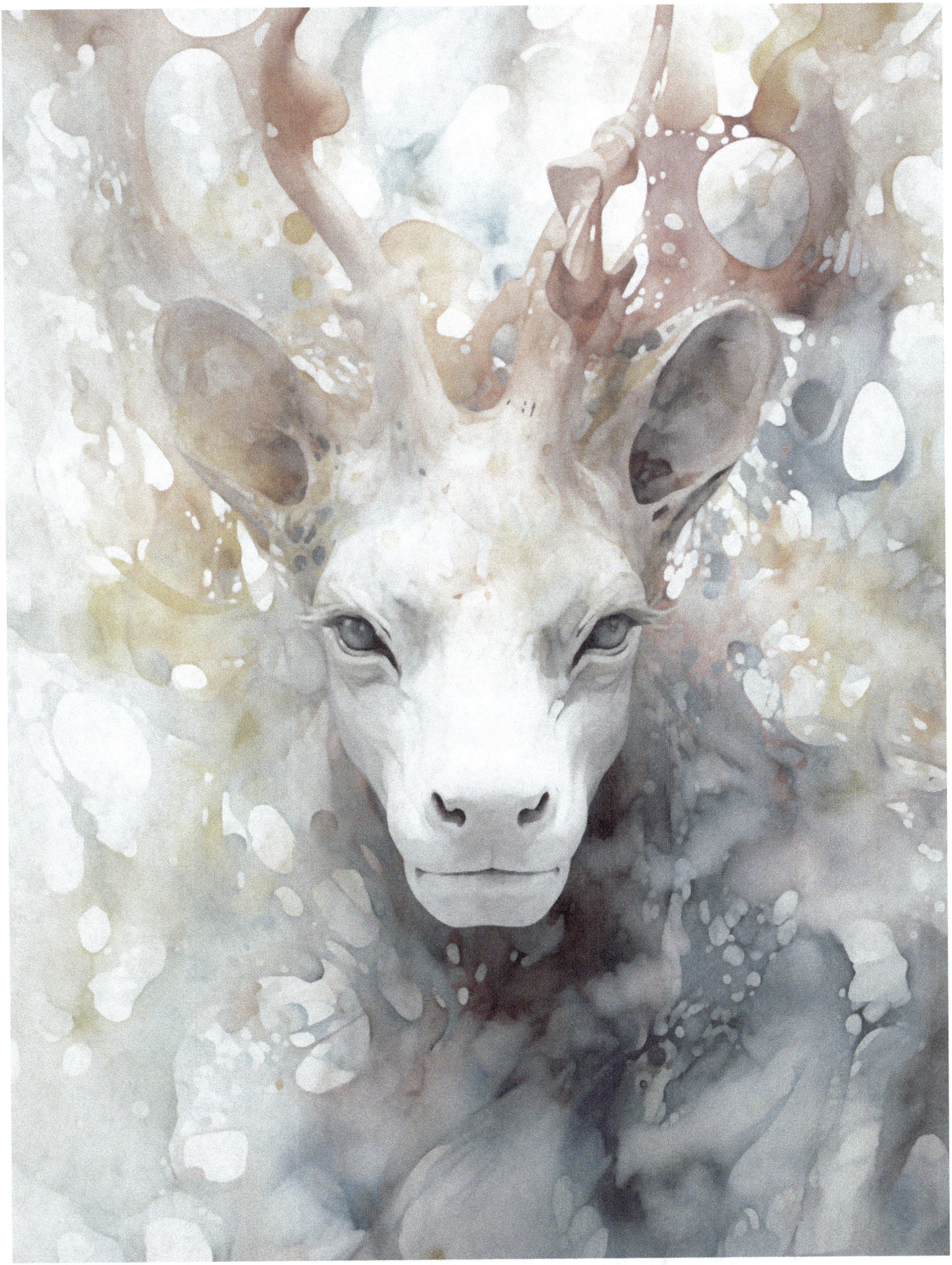

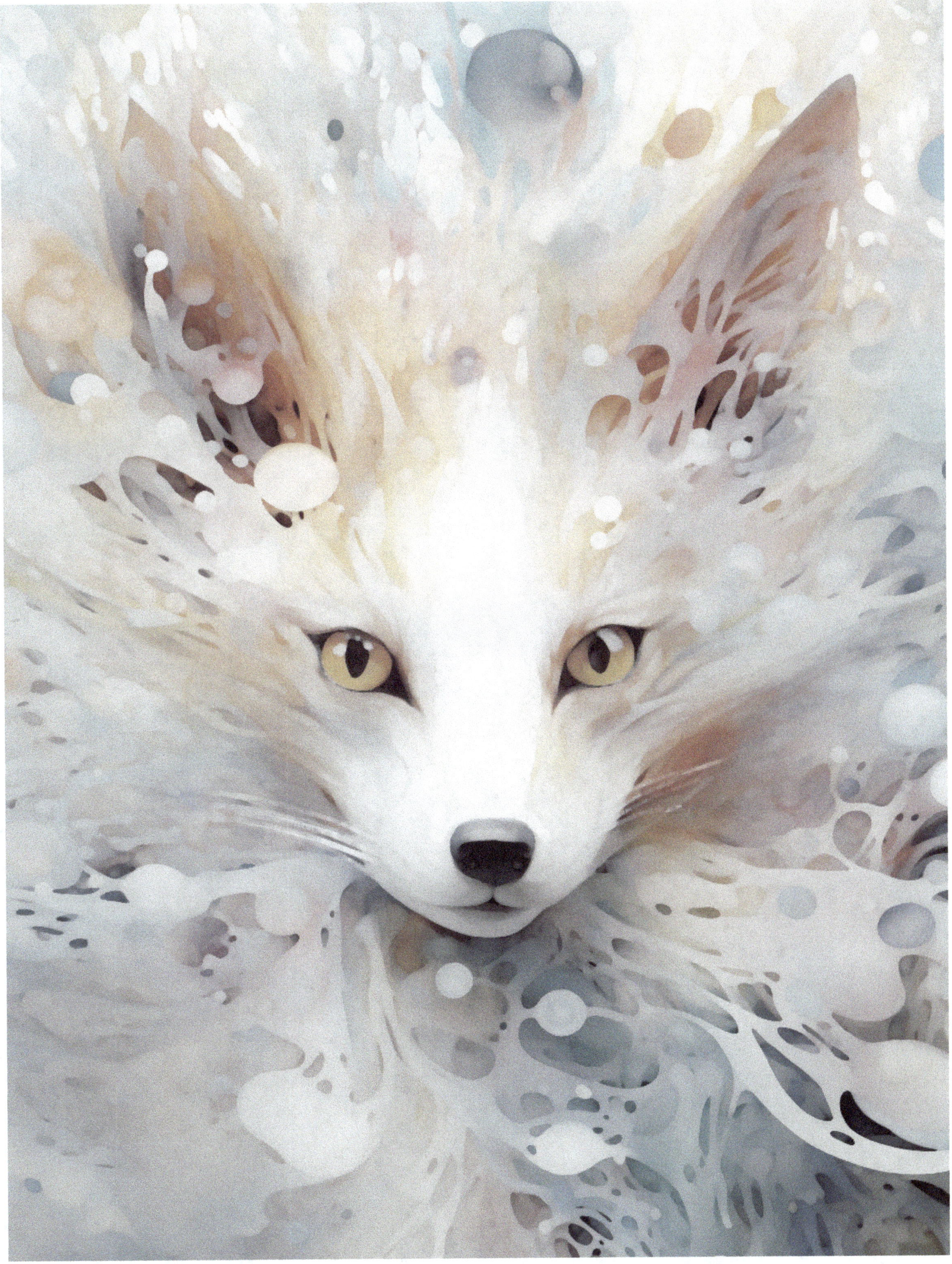

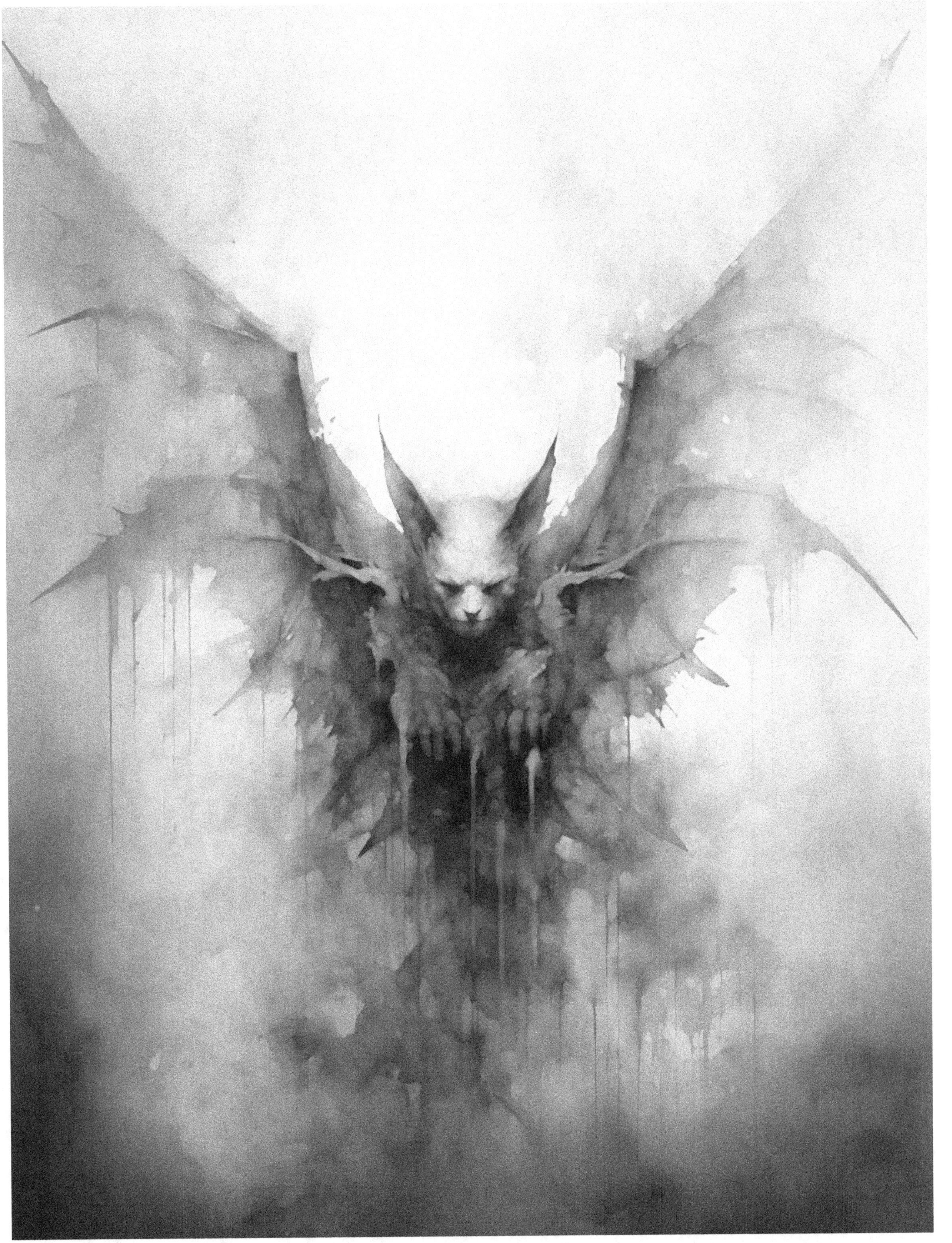

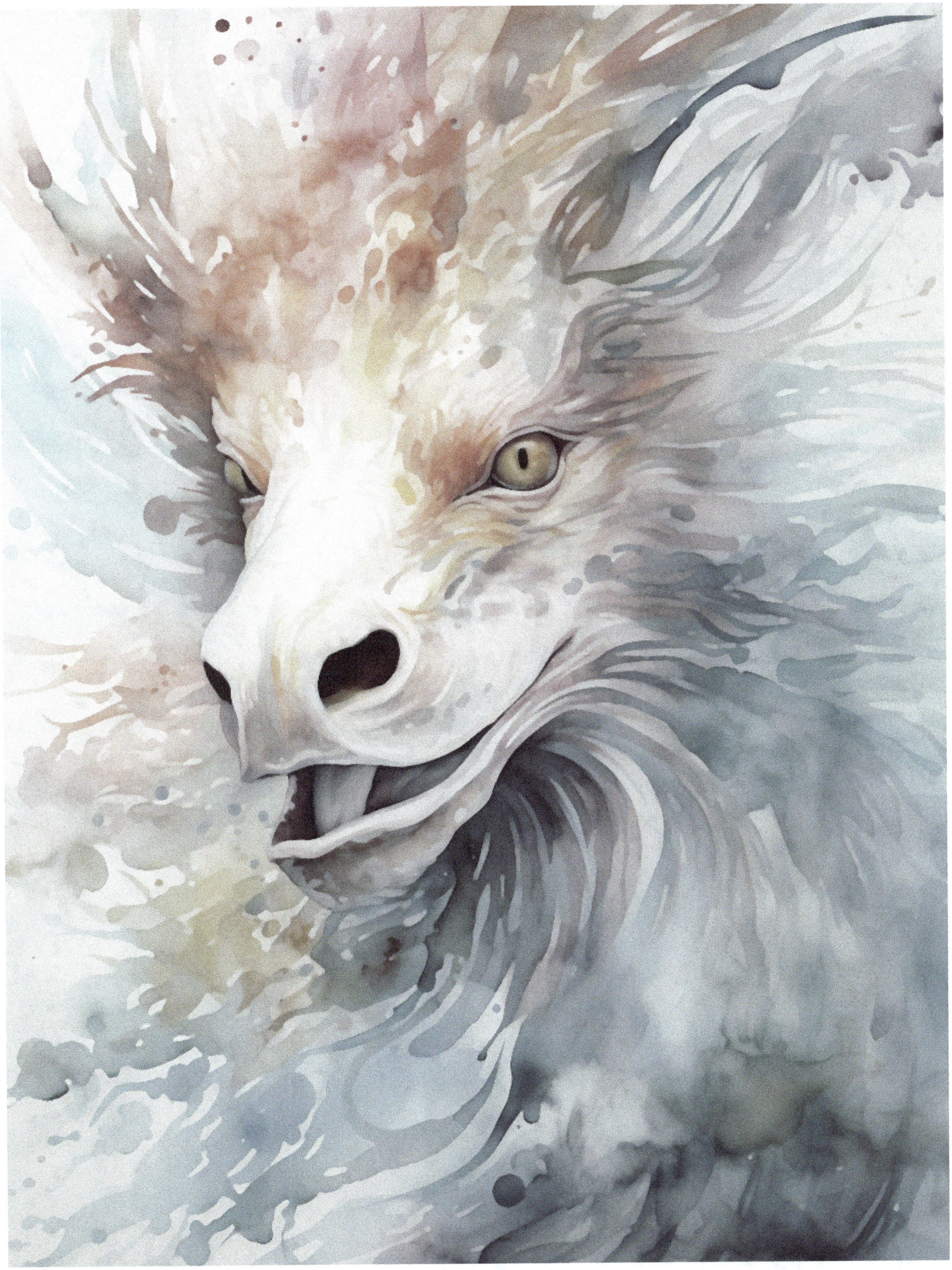

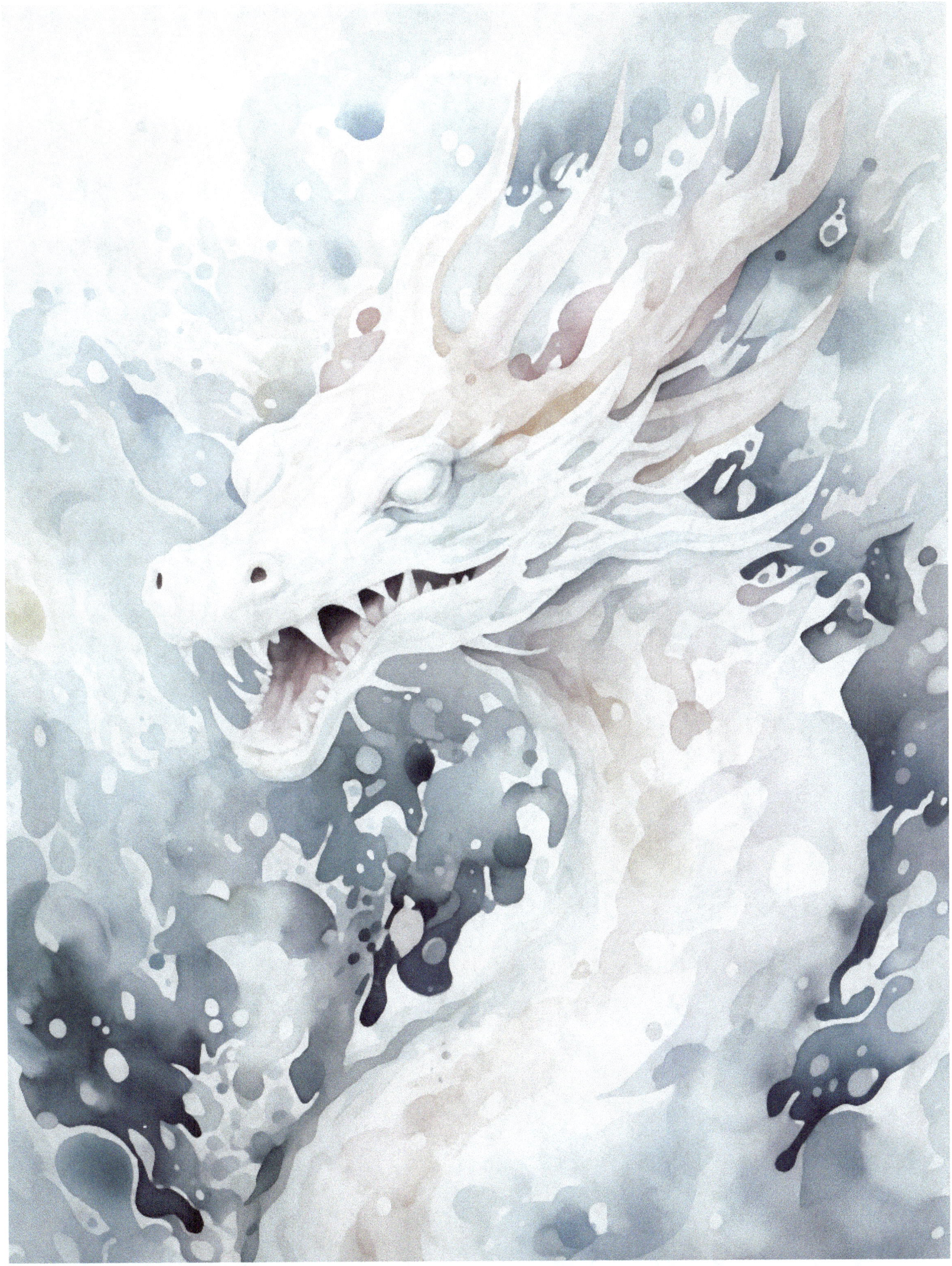

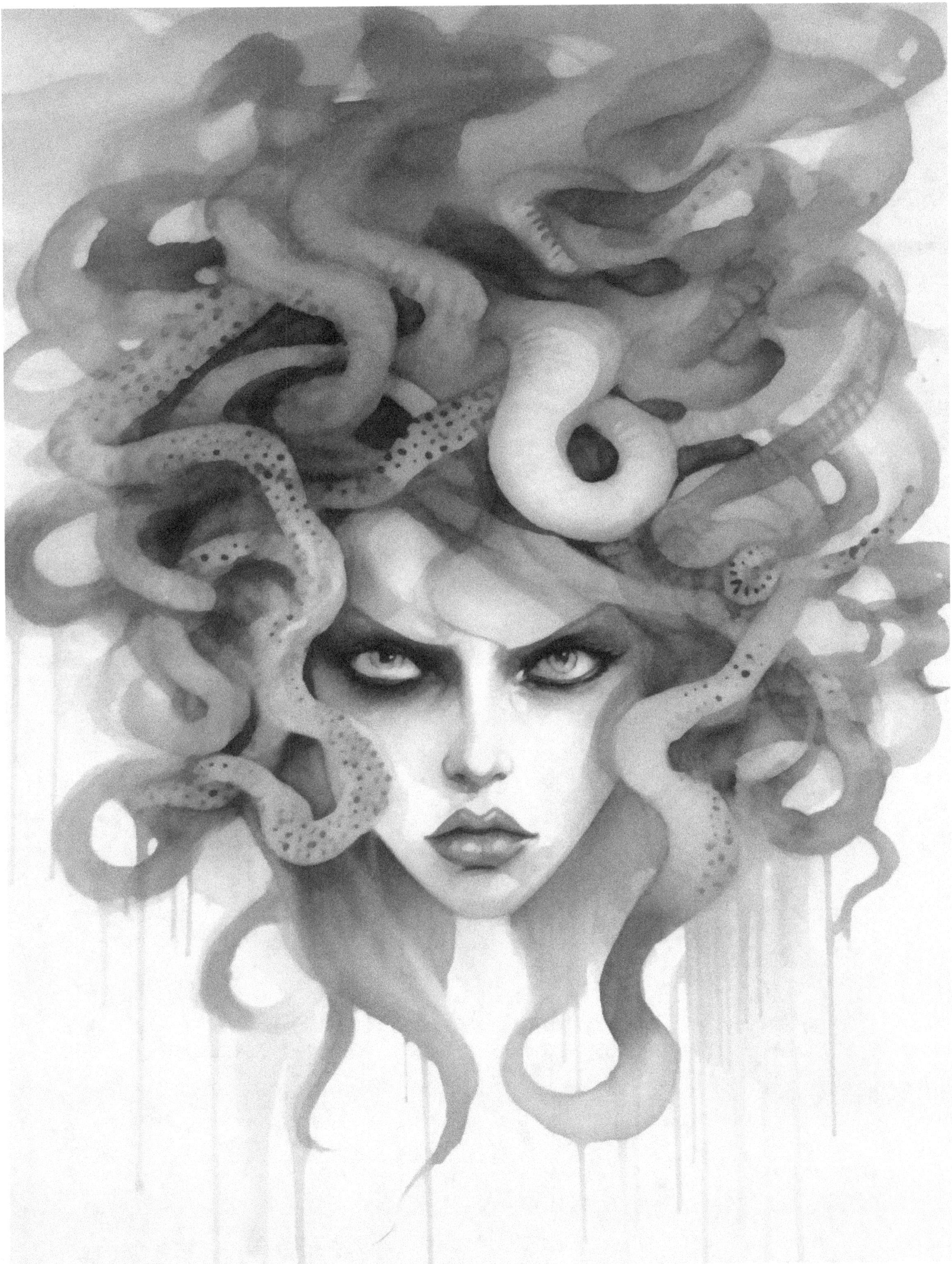

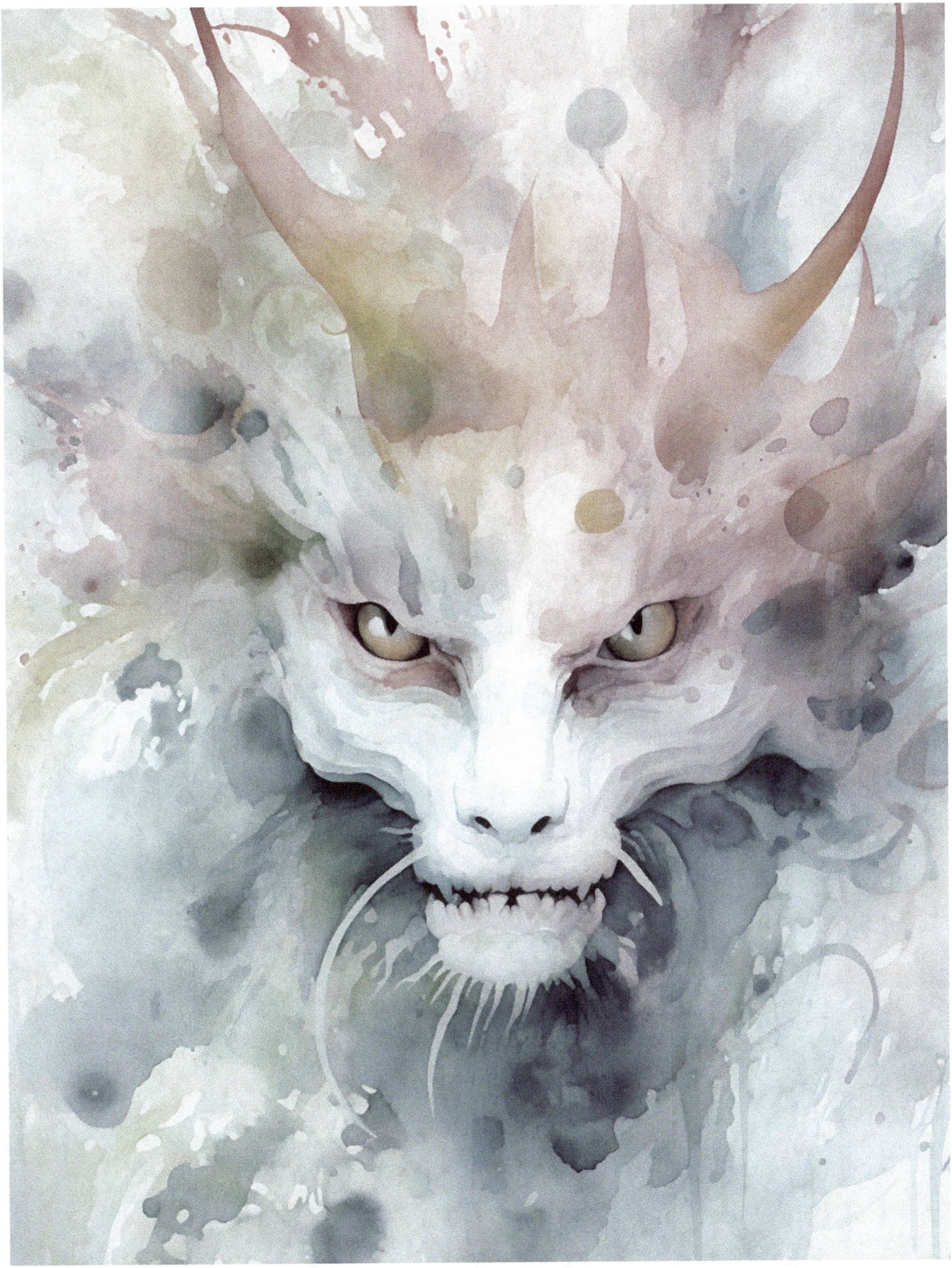

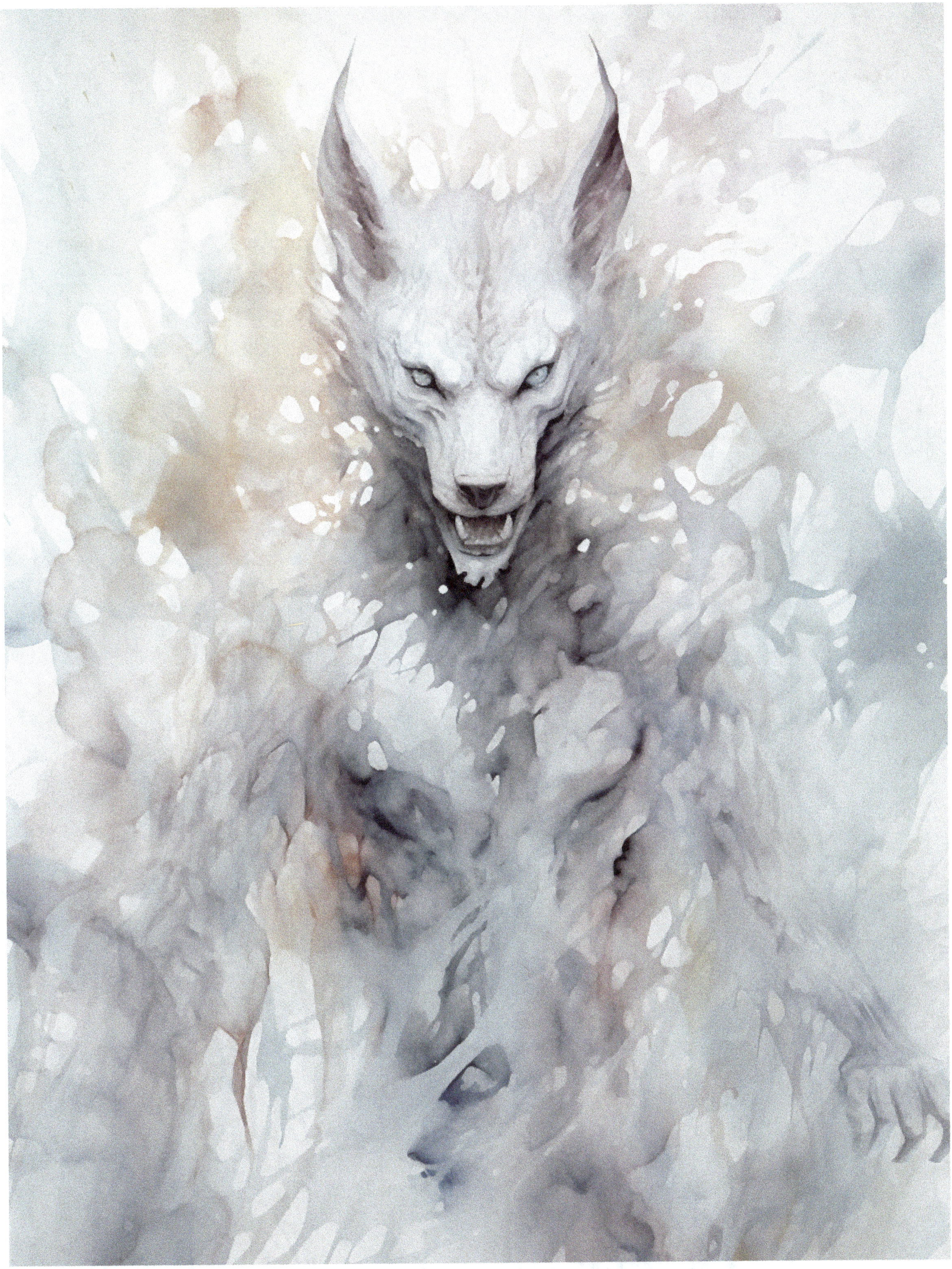

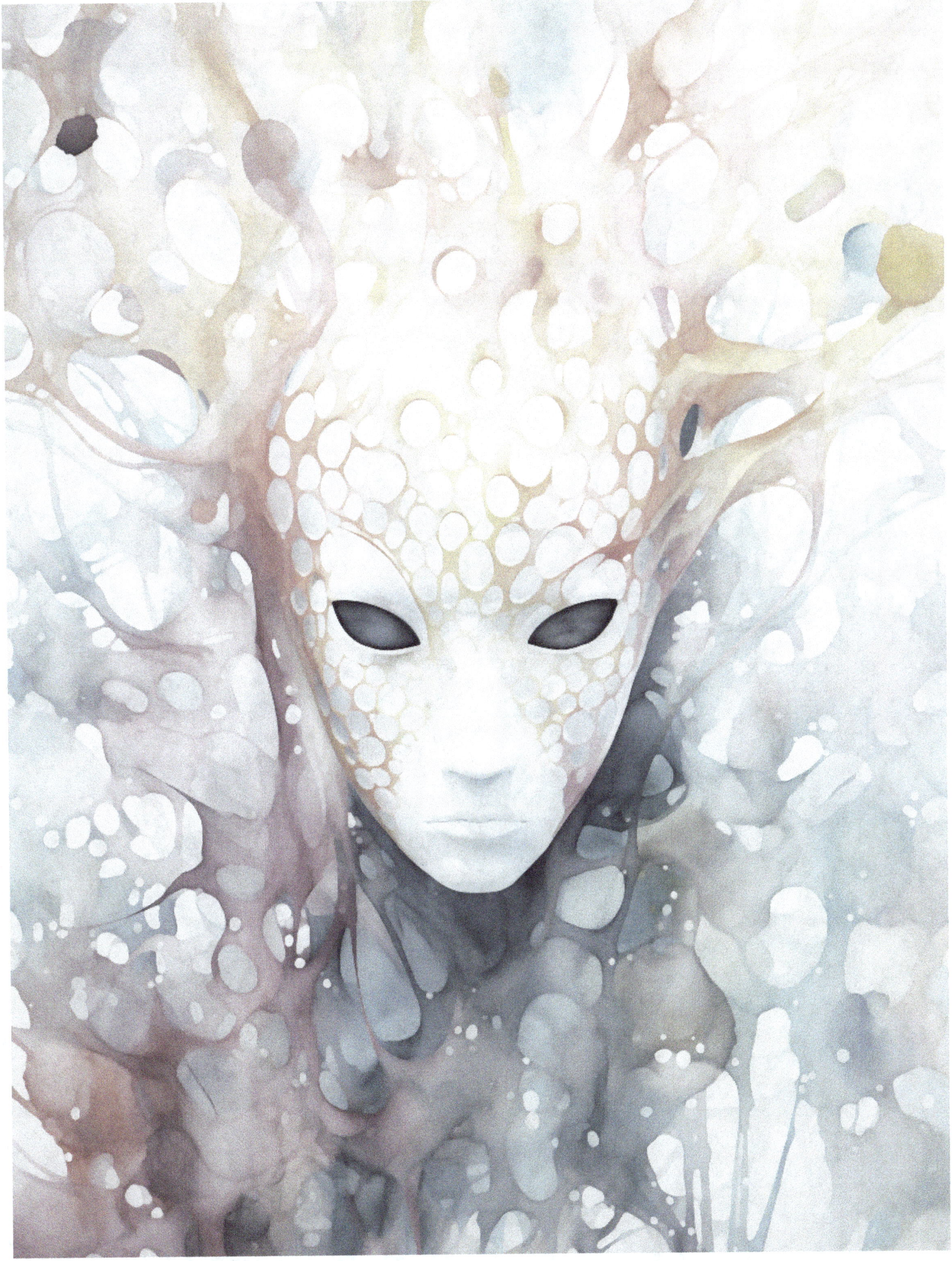

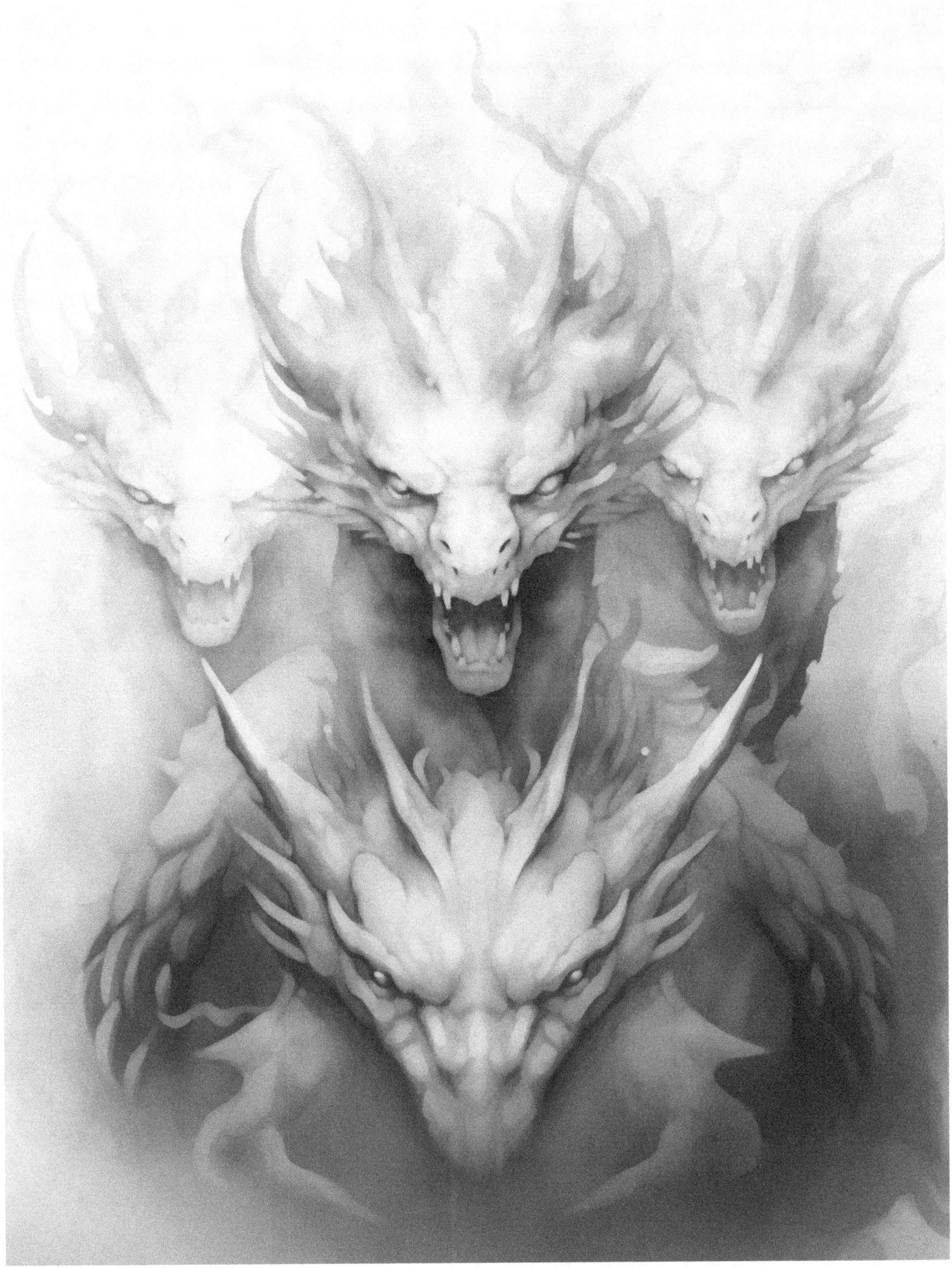

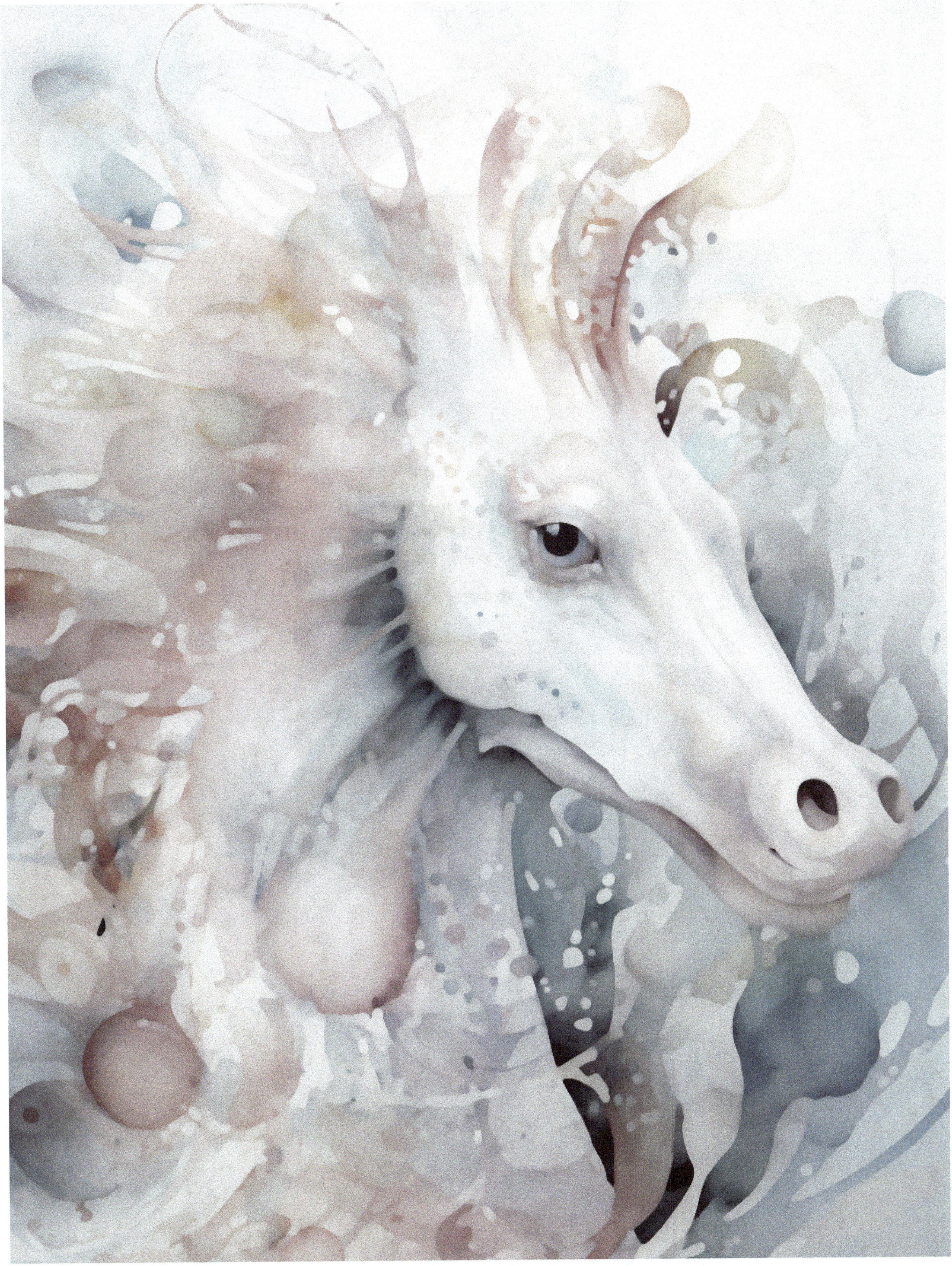

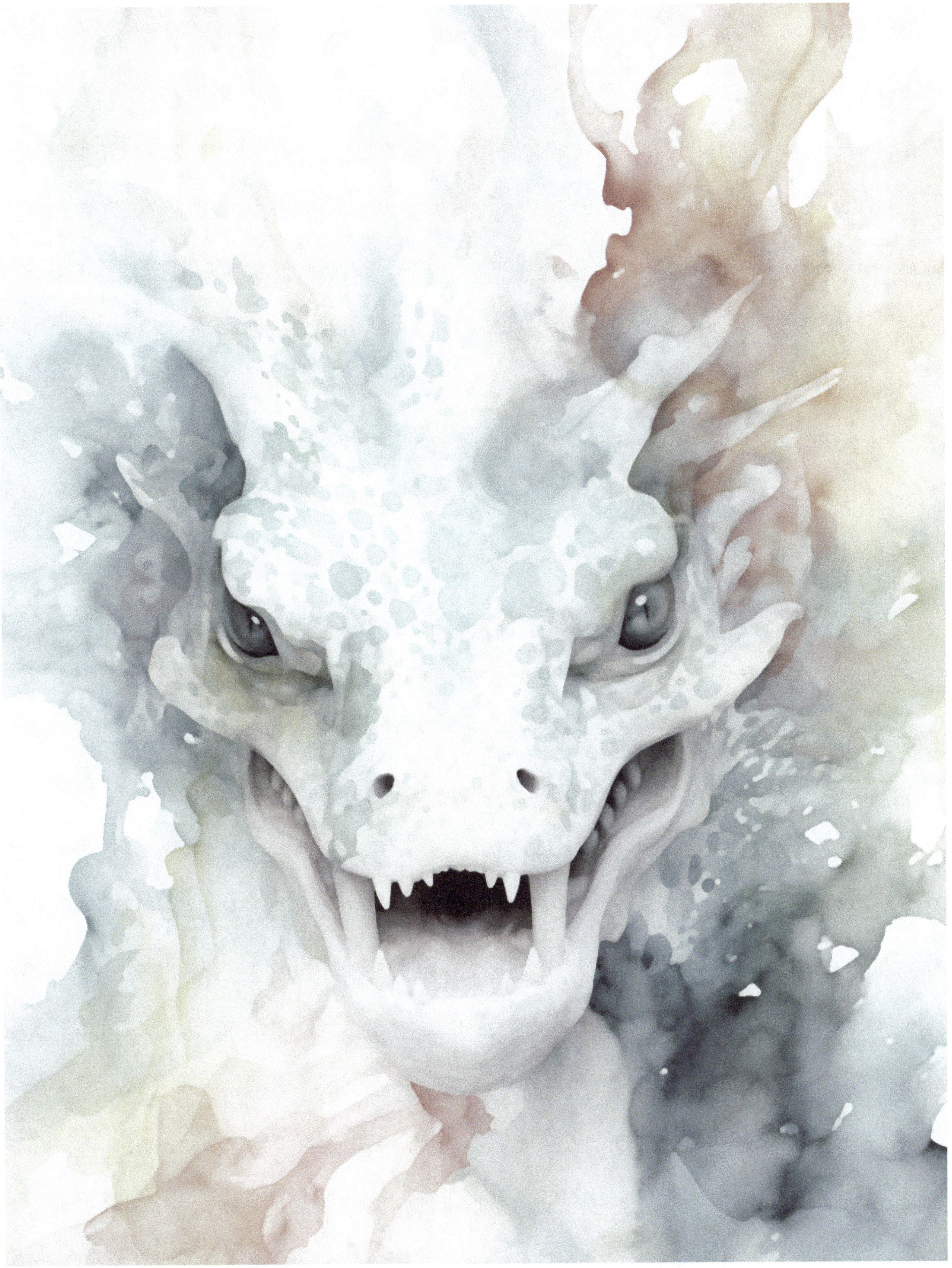

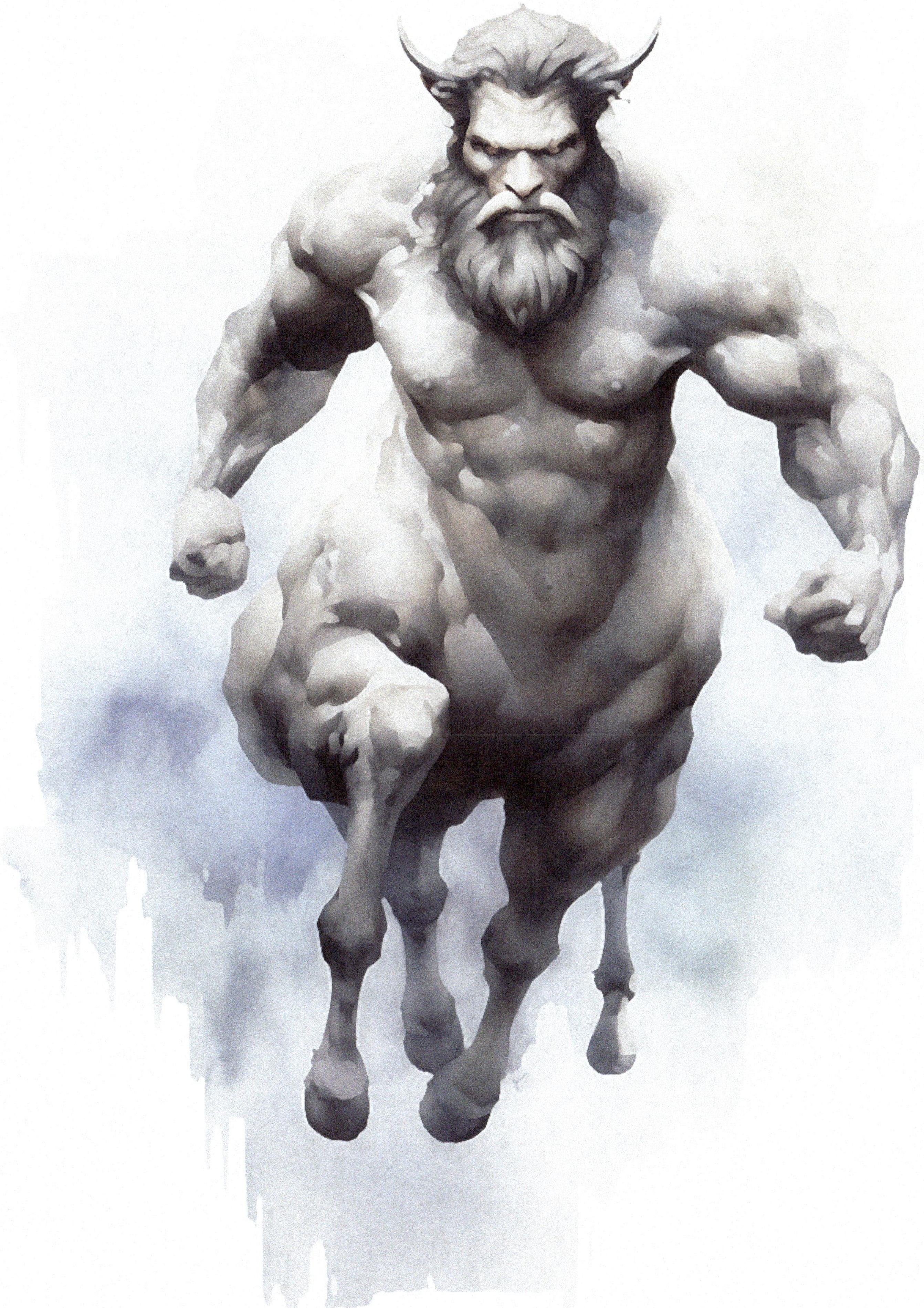

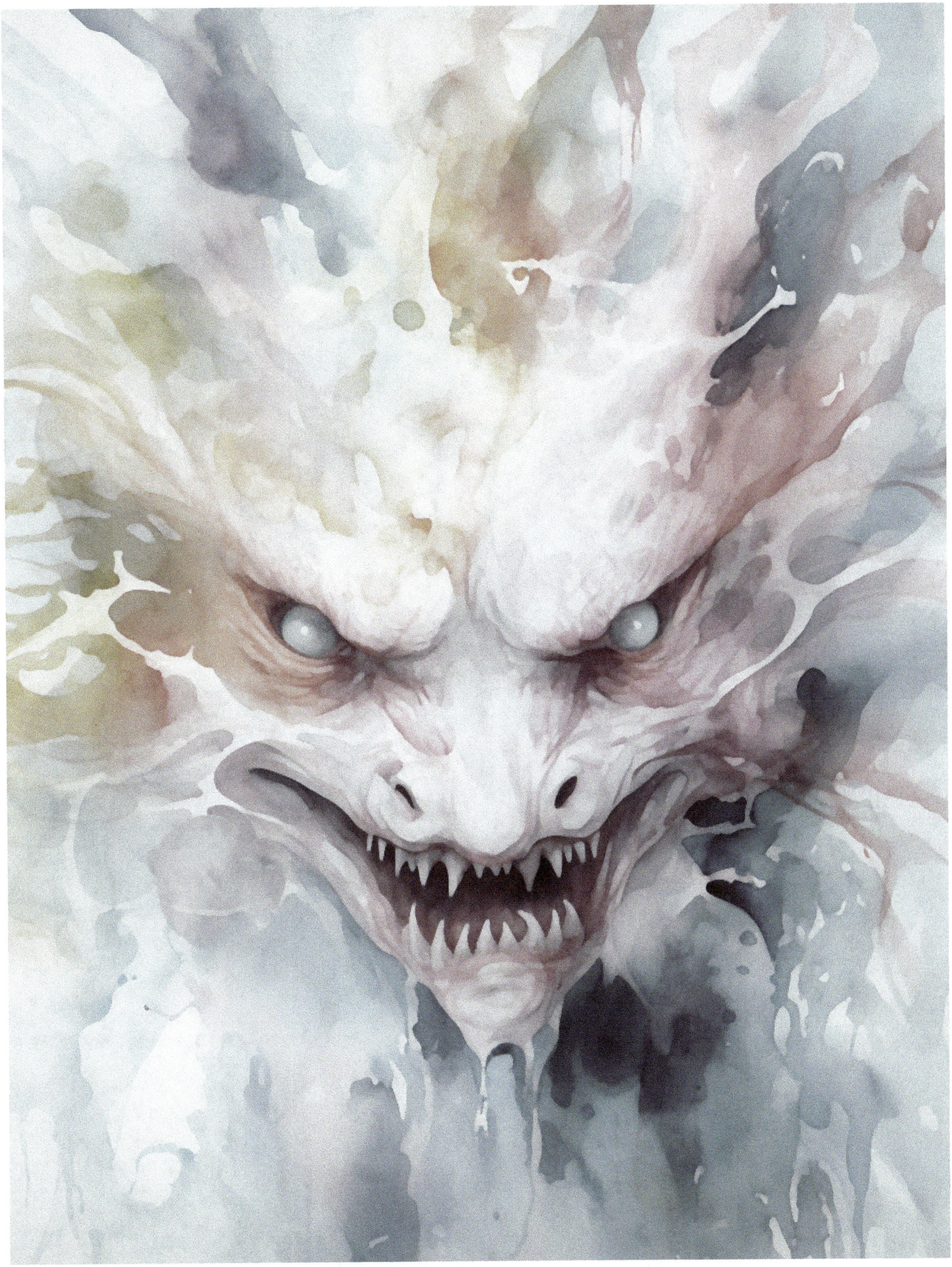

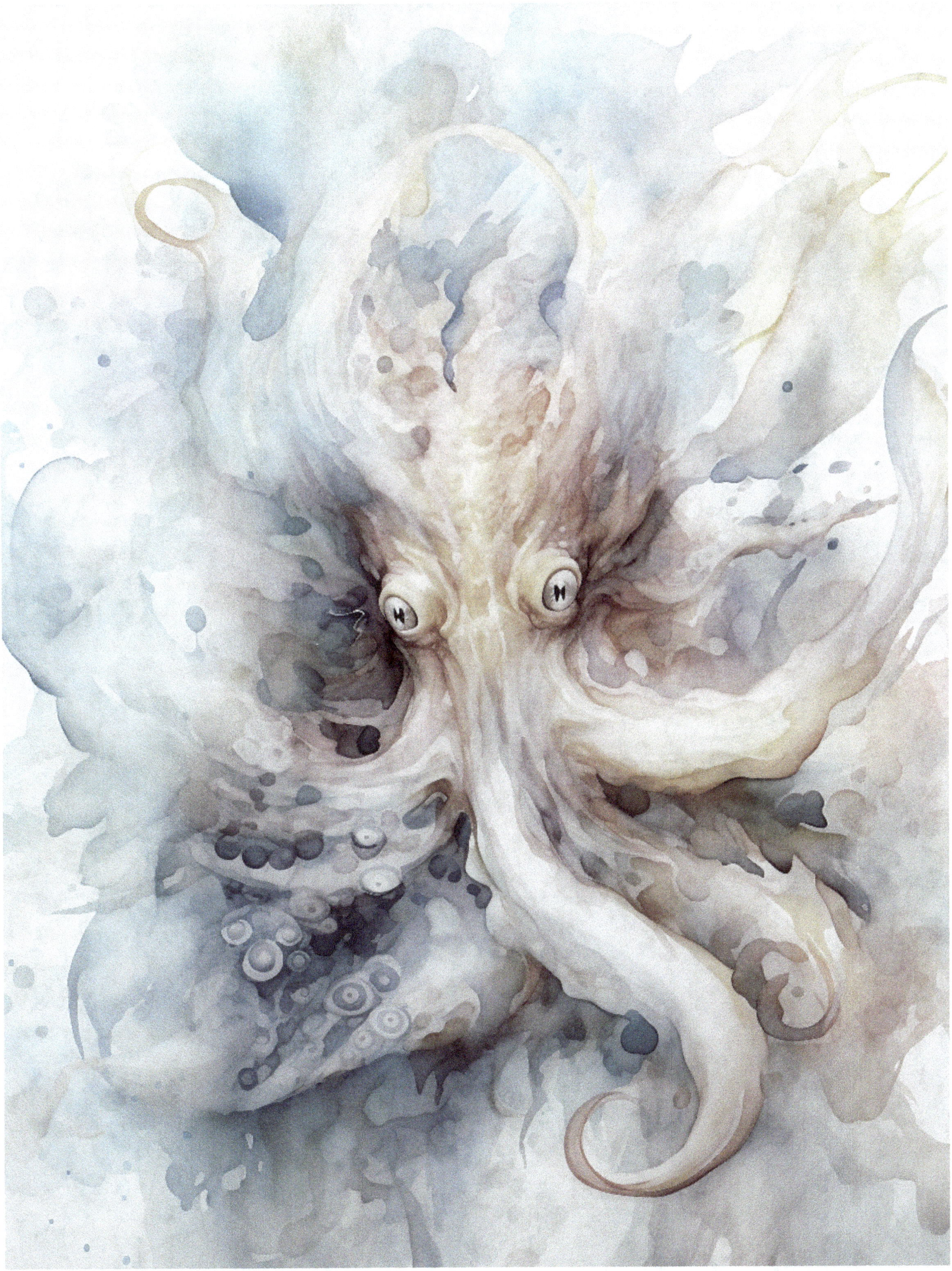

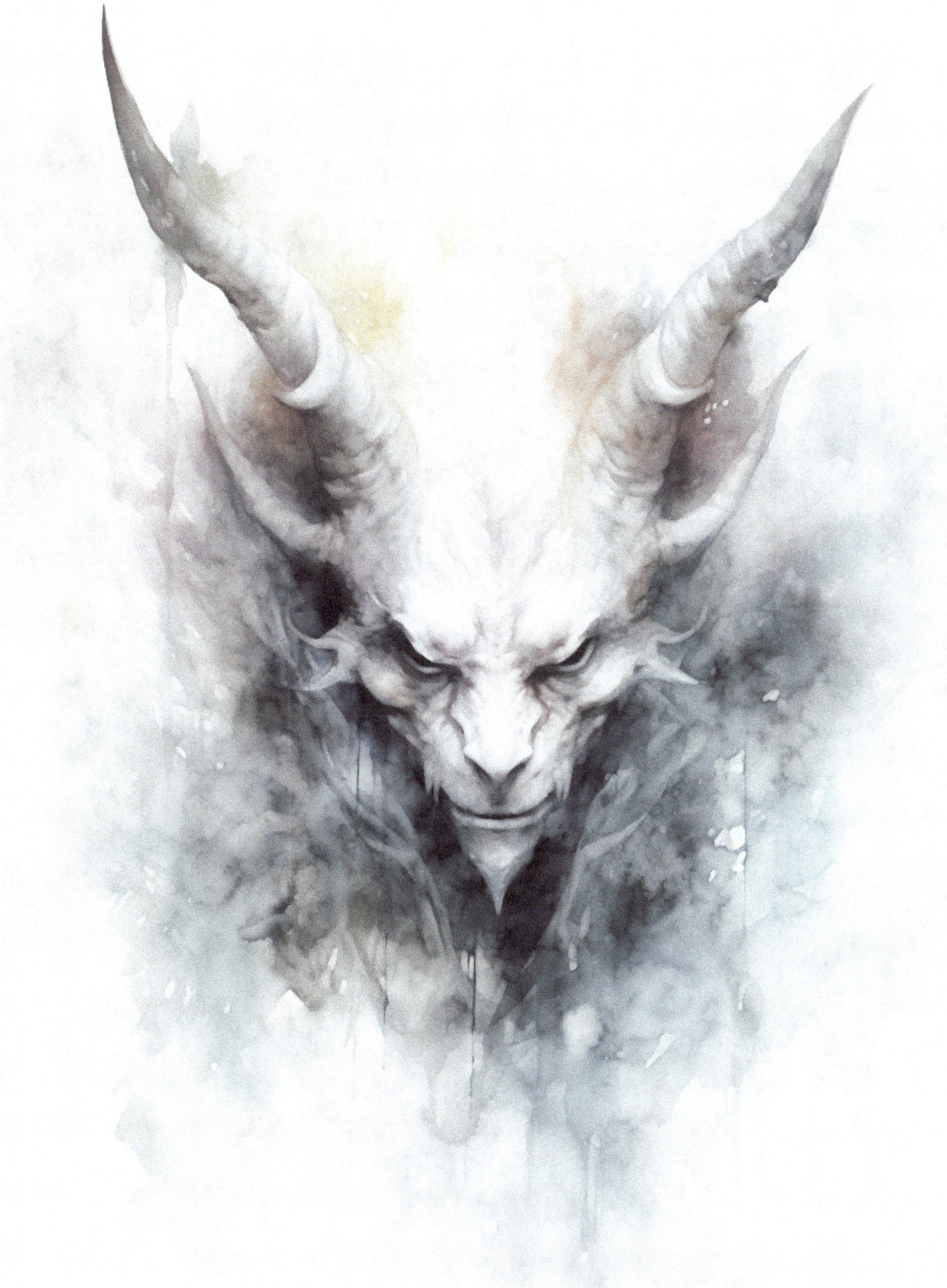

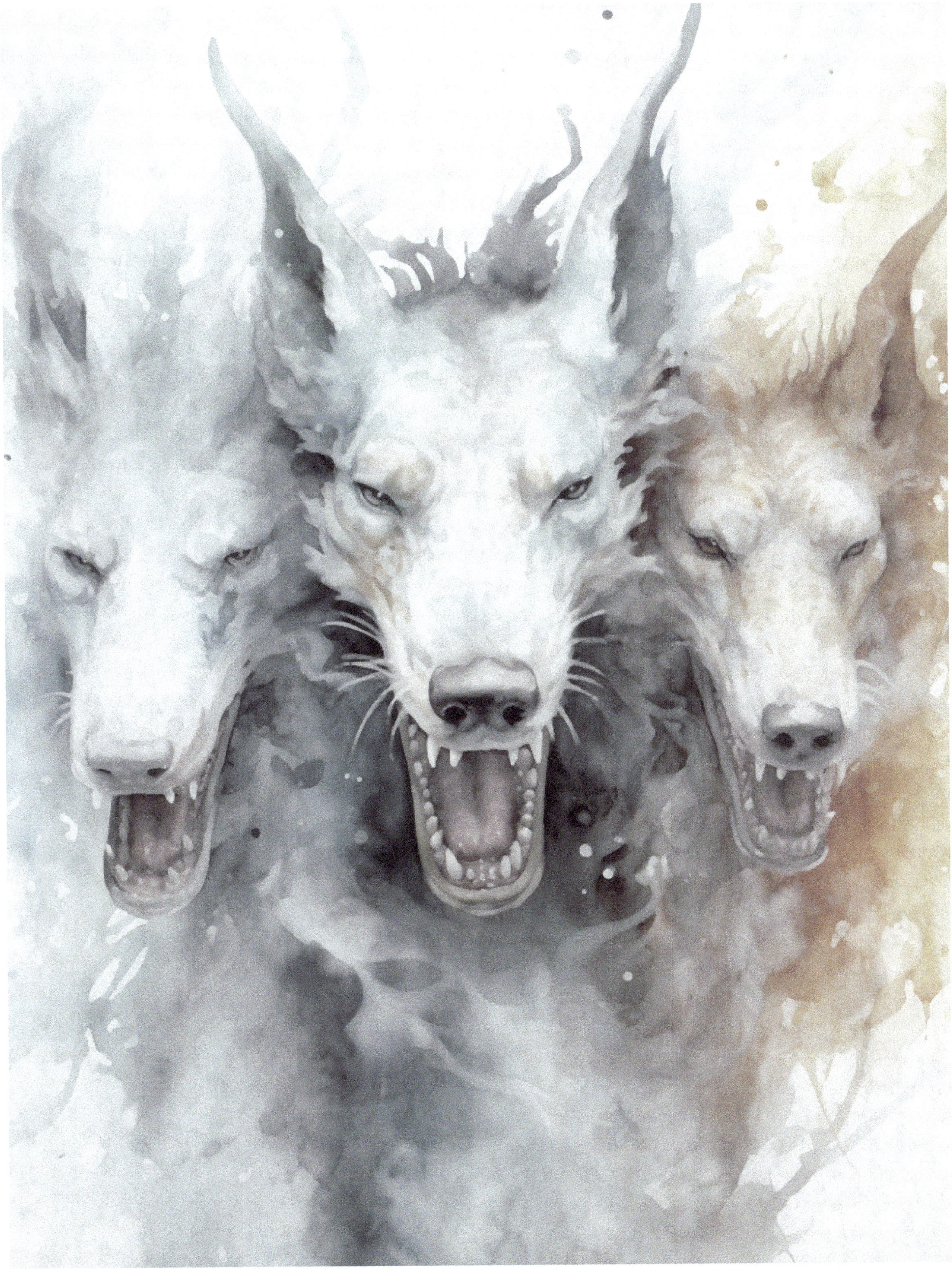

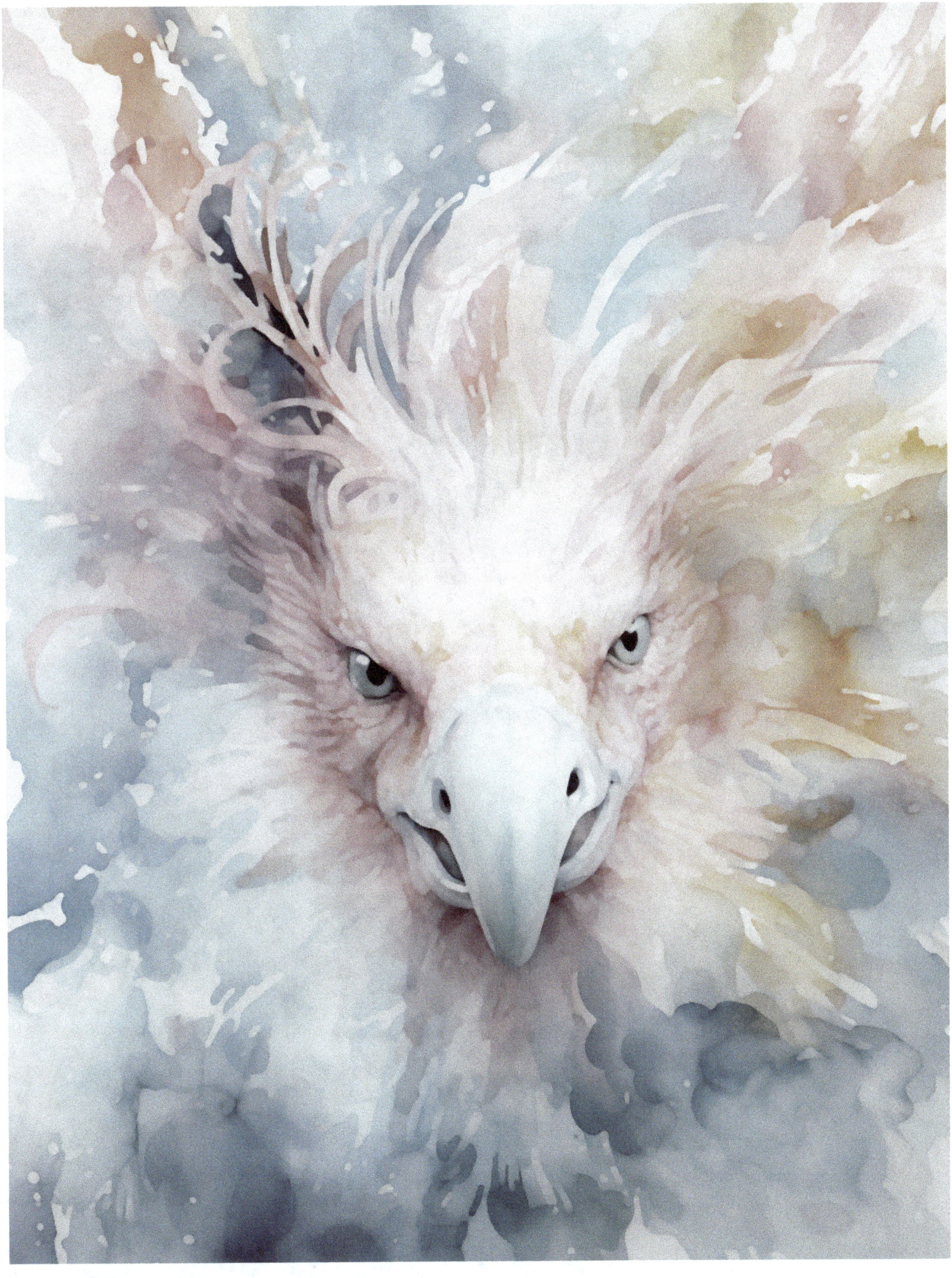

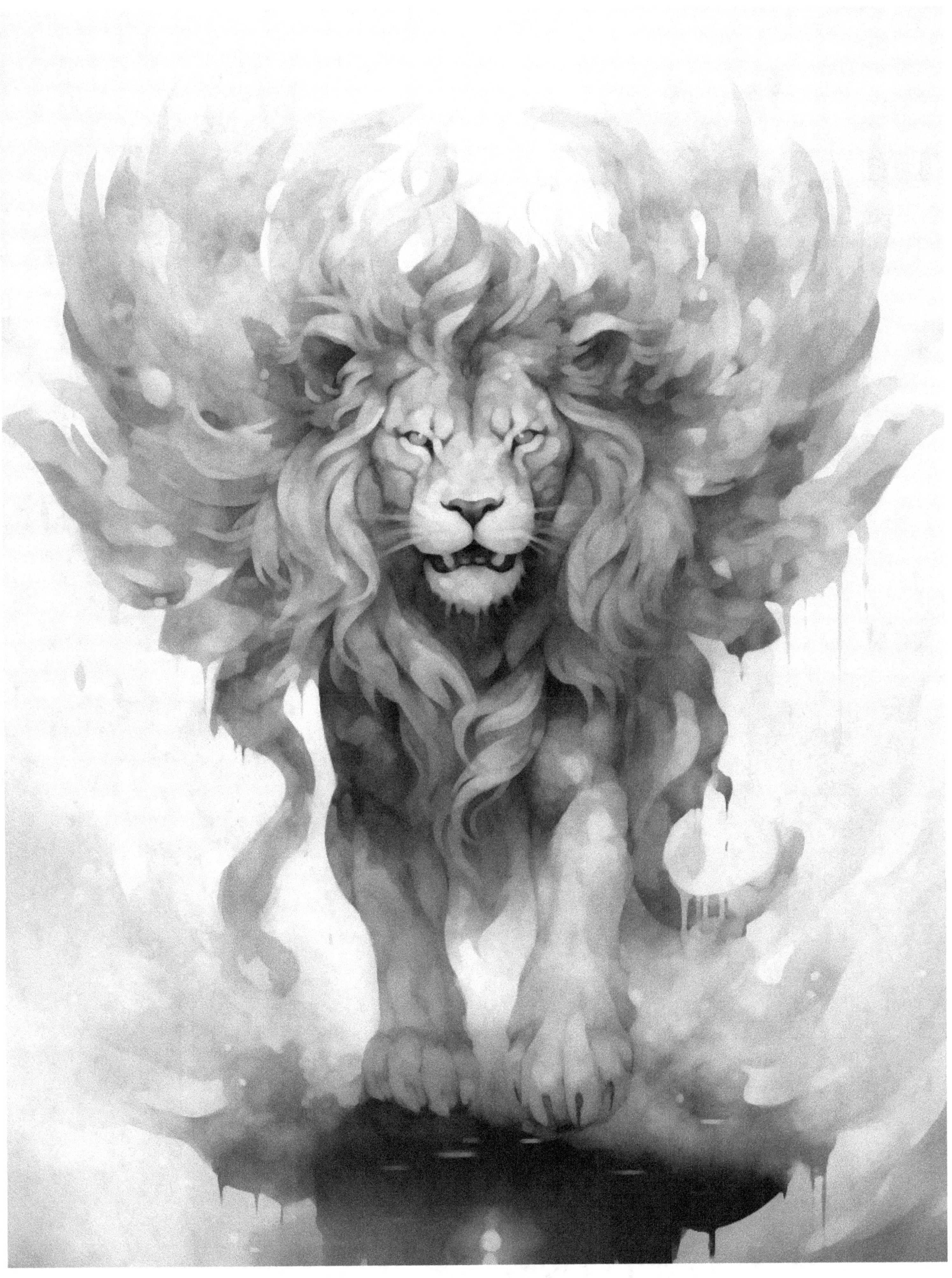

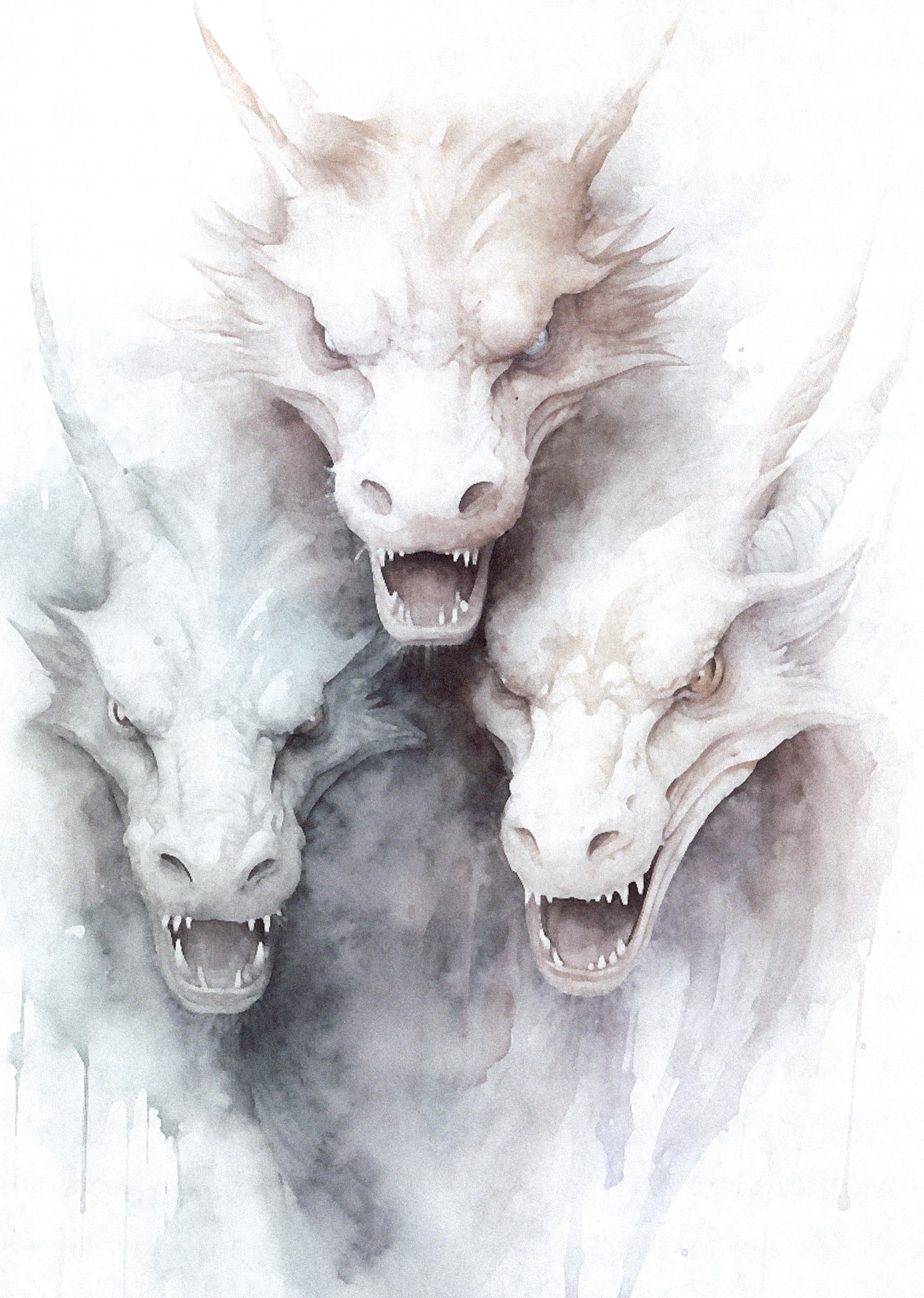

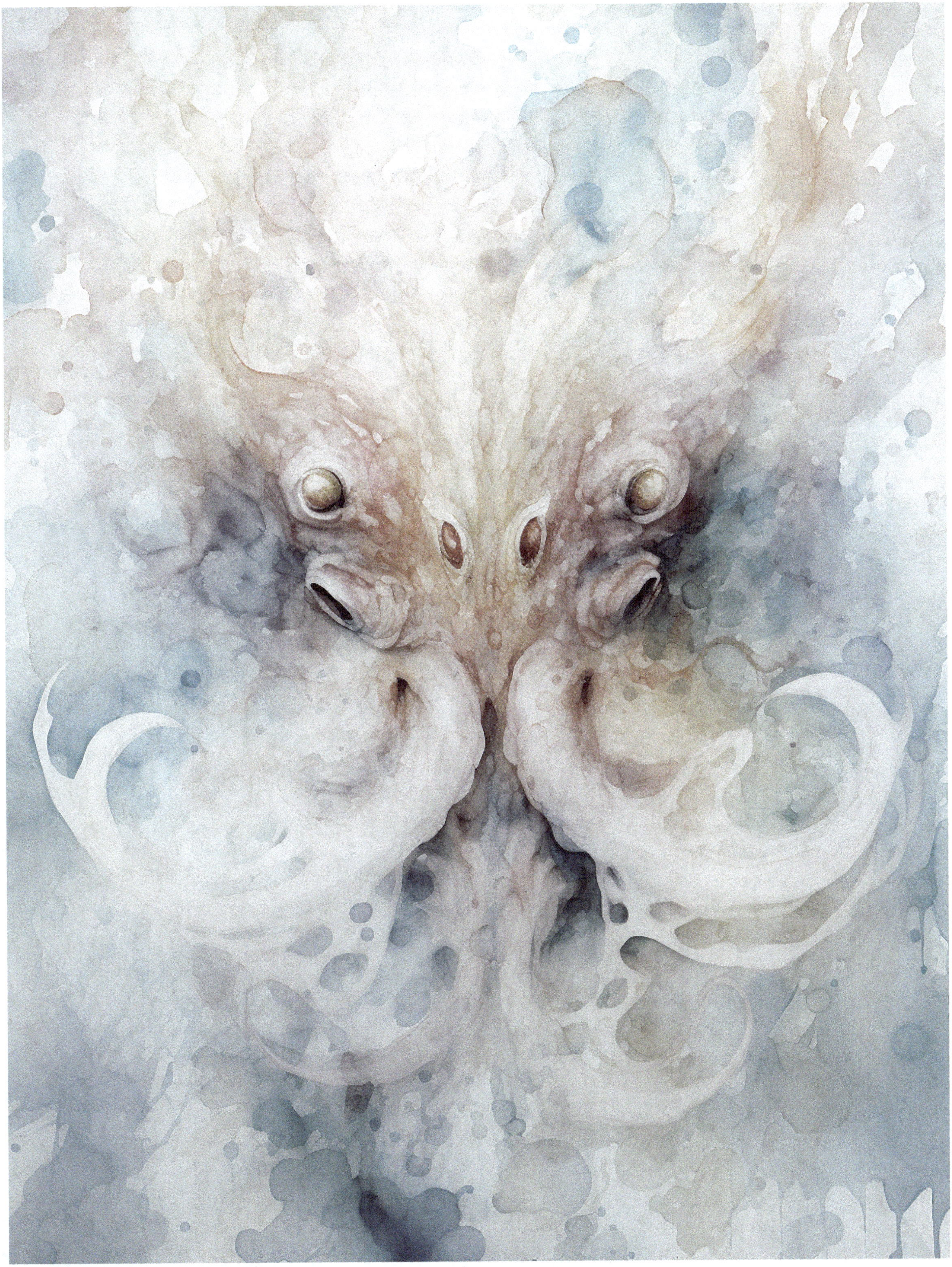

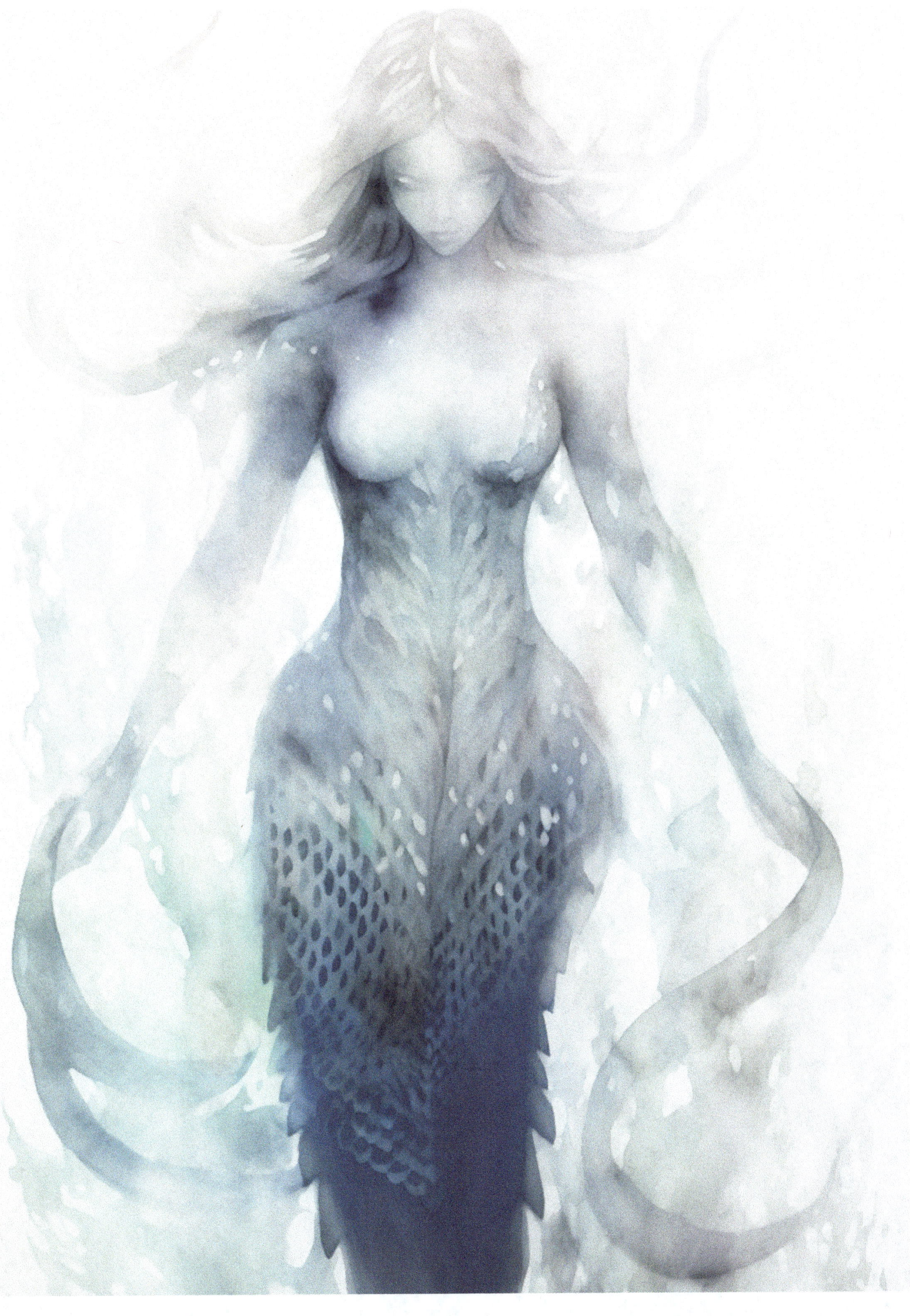

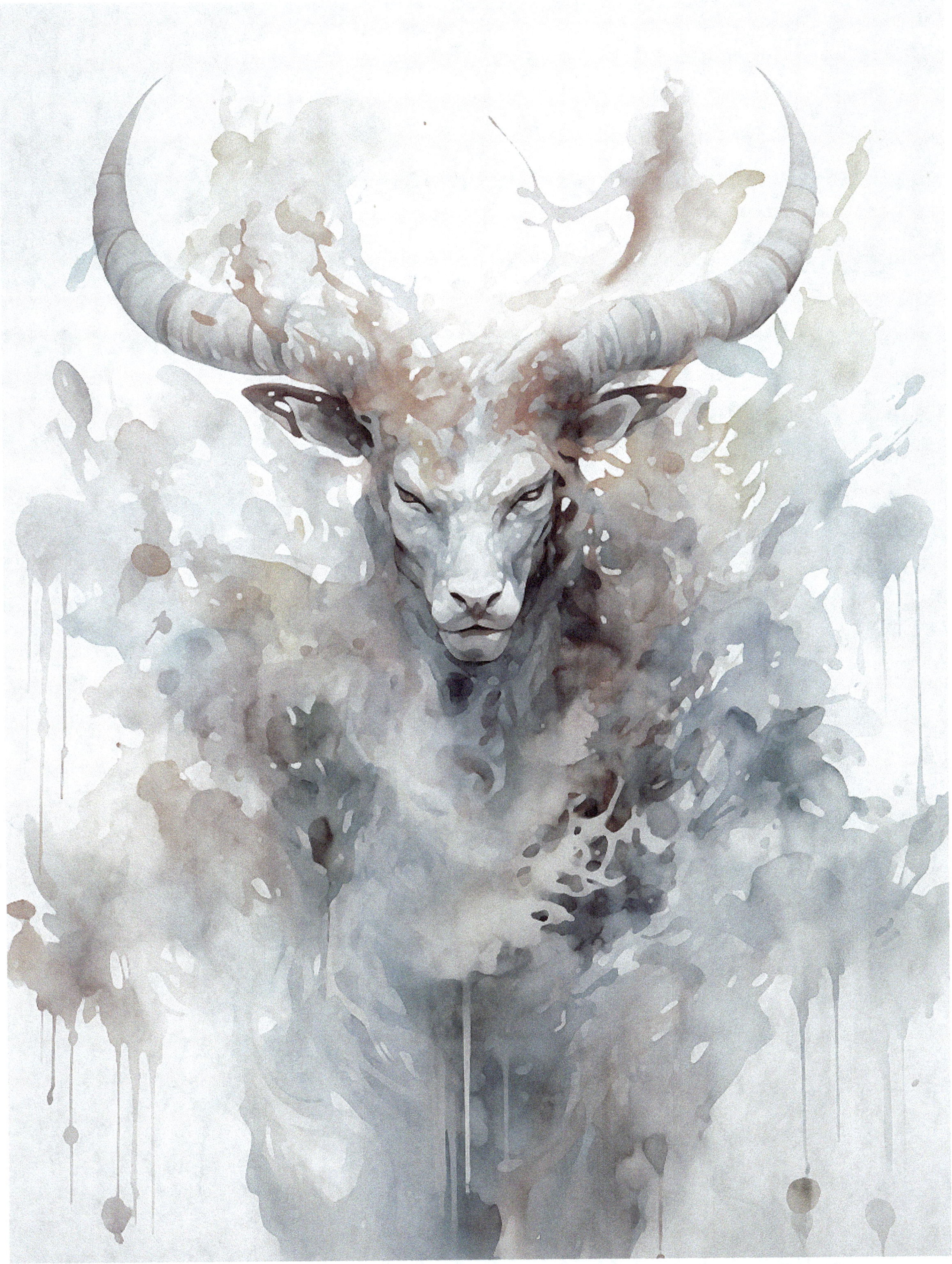

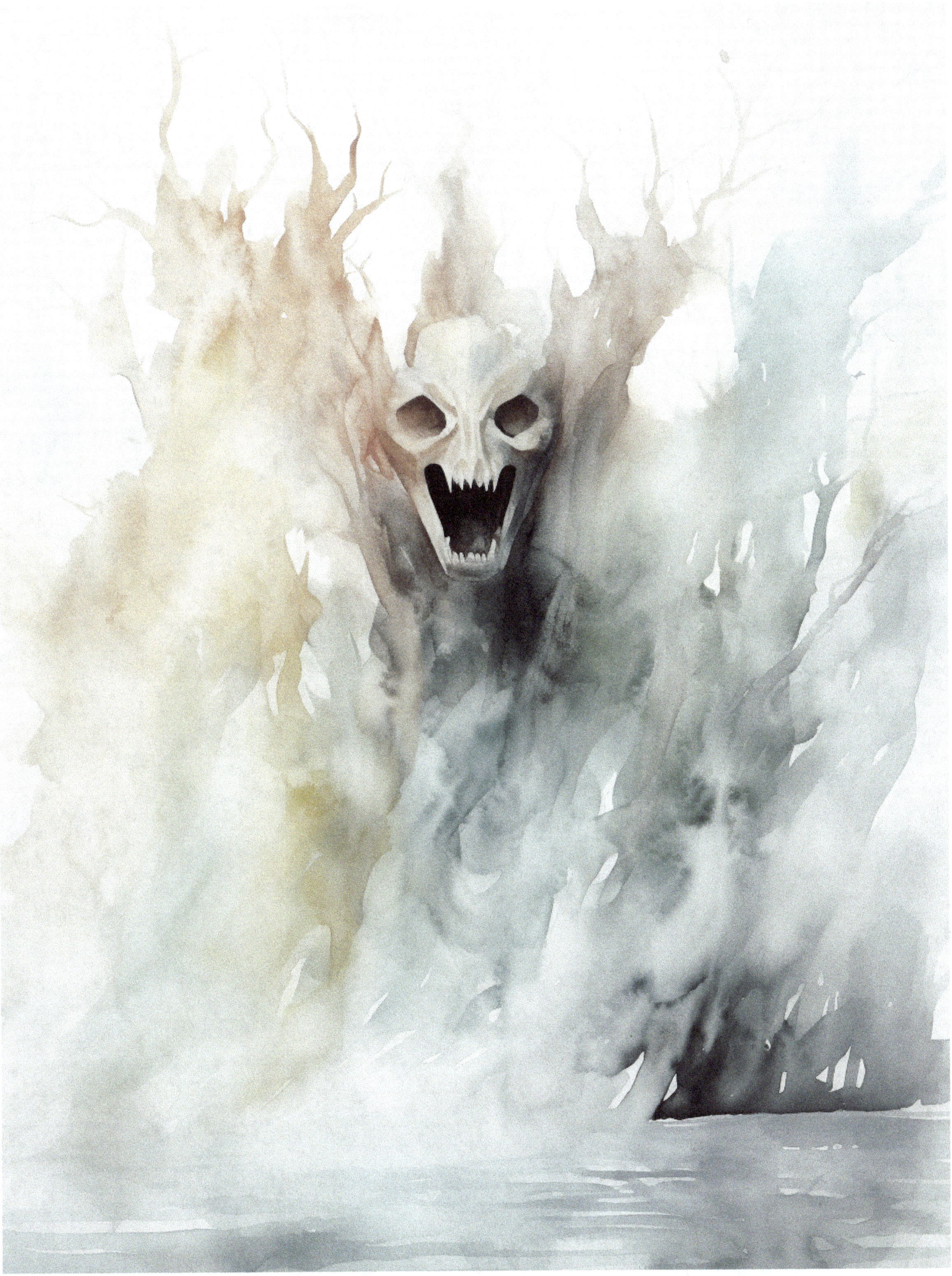

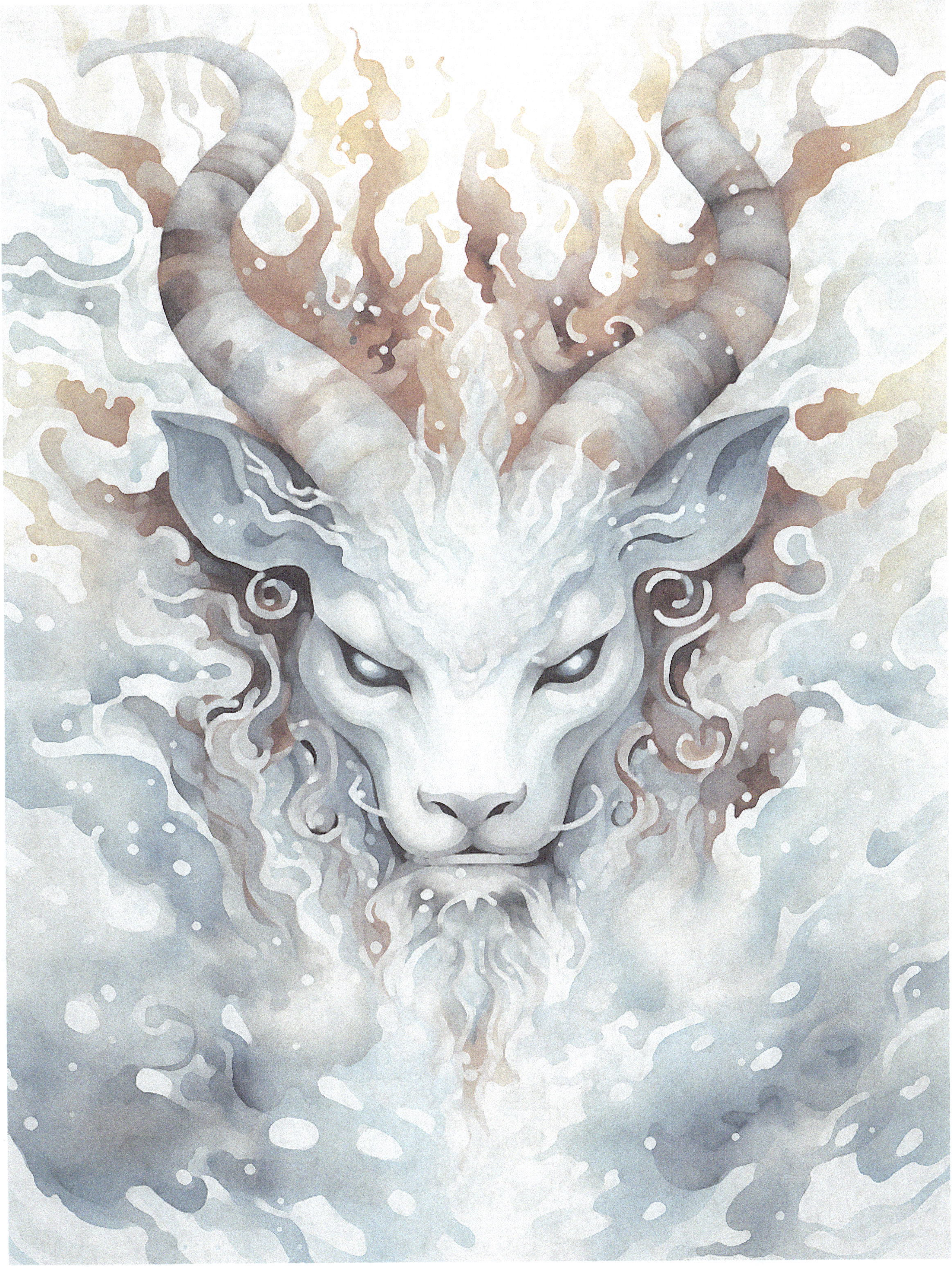

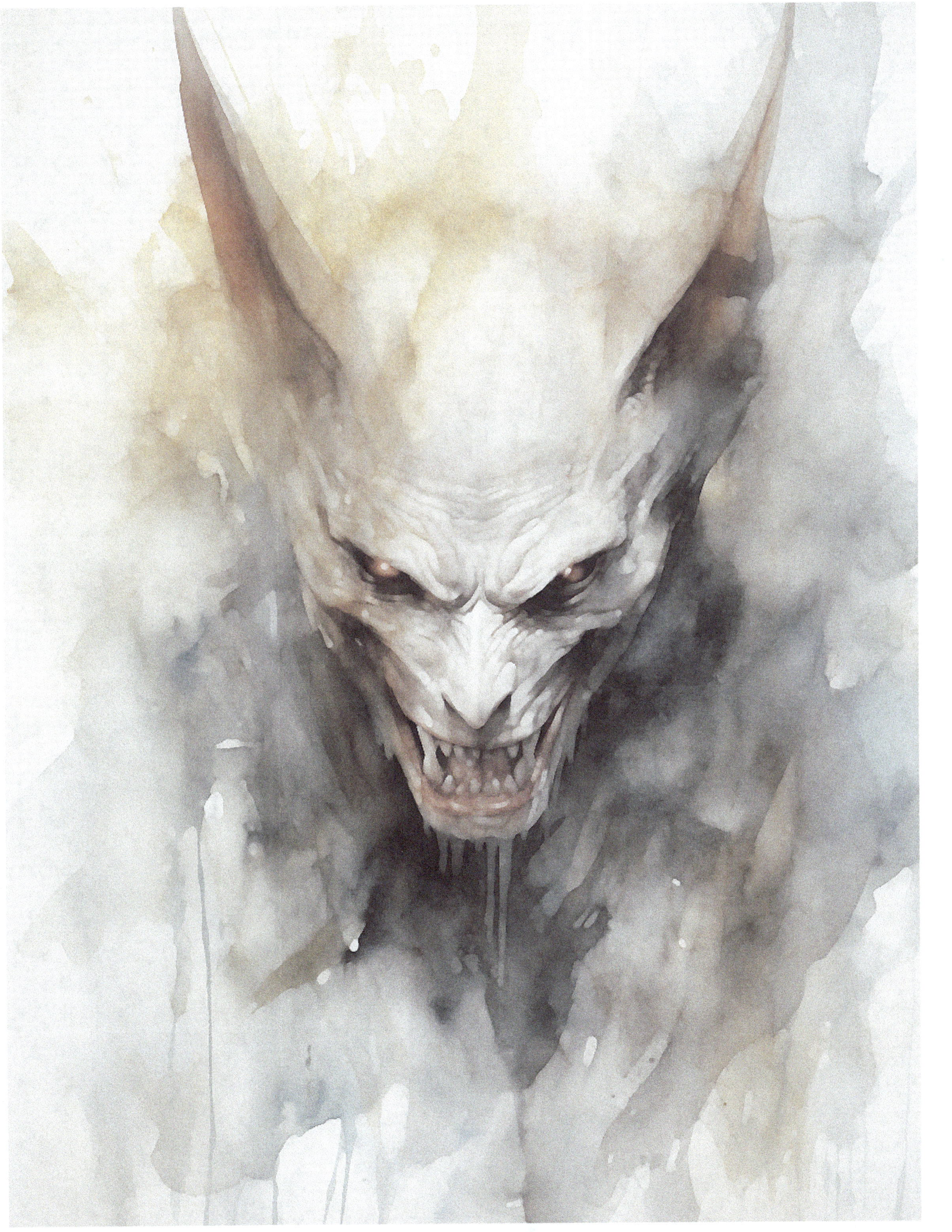

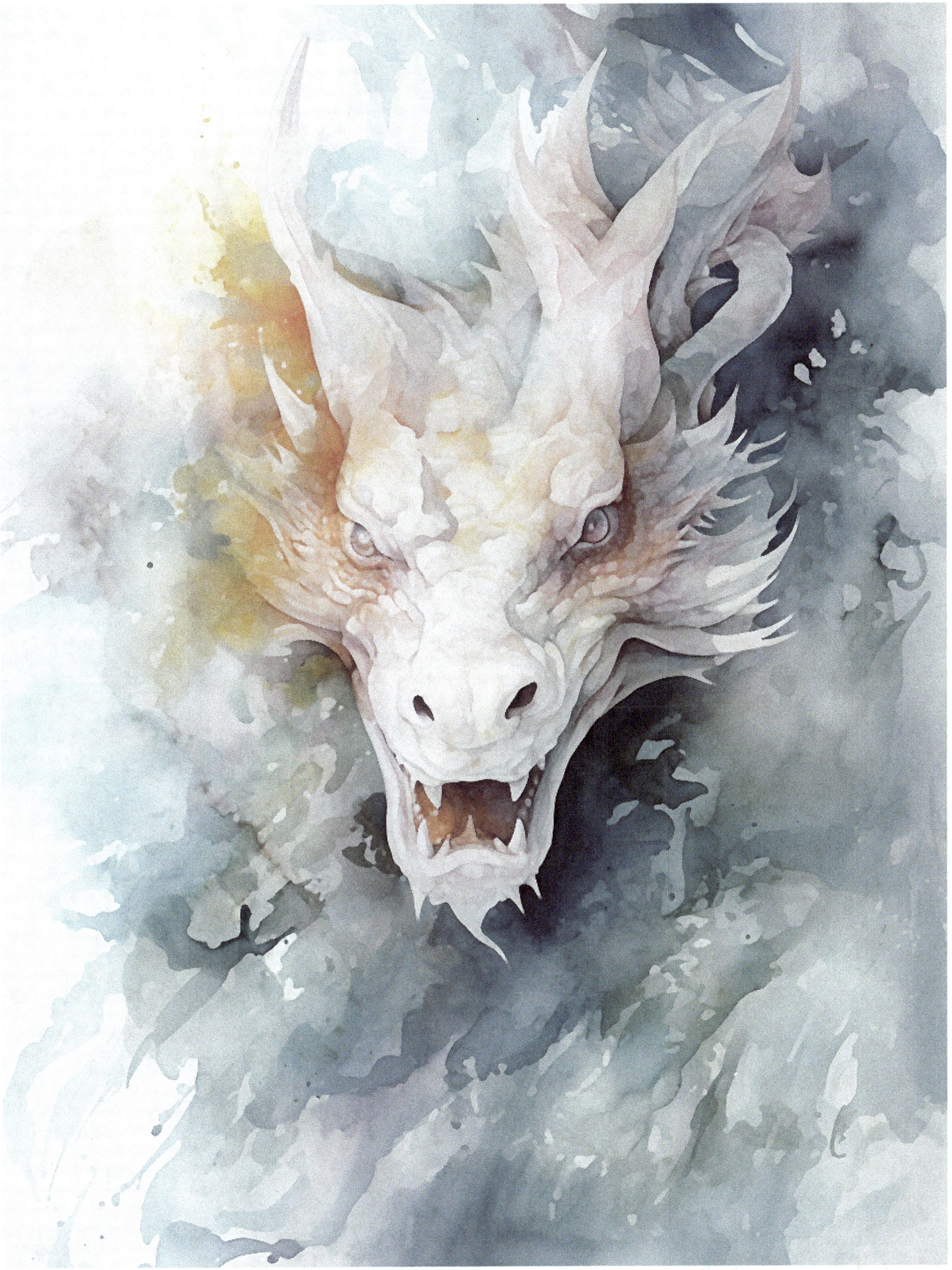

www.ingramcontent.com/pod-product-compliance
Lightning Source LLC
Chambersburg PA
CBHW081001290526
45795CB00009B/3025
* 9 7 9 8 8 7 8 3 6 1 8 0 4 *